大是文化

99%的人輸在不會表達

話說對了，事就成了。
公司裡該怎麼說話？麻煩就沒了。

資深文案、企劃、暢銷書專家
李勁 著

CONTENTS

CONTENTS

第五章 陌生變朋友的絕招……131

第六章 化解尷尬和冷場……155

CONTENTS

第八章

CONTENTS

第十一章 99%的人不懂如何和家人表達

CONTENTS

第十二章

推薦序

磨練自己的表達超能力

亞洲第一激勵達人／鄭匡宇

這是我看過在說話這件事上，談論的範疇最多元、論述最完整的一本書。因為出版過《一開口就擄獲人心的說話術》這本書，我時常為關於「說話表達」這個領域的新書做推薦，甚至中國大陸的微課平臺（以語音課程，將一個二百分鐘的課程，分拆成二十段小課程，特別適合通勤時用手機聽），也找上了我合作開課。從網路上留言的人數，以及詢問的熱情度來看，怎麼好好說話這件事，的確是目前年輕人最迫切想要了解的議題。

本書作者李勁在書中有許多精闢、又符合時代的見解。例如第八章提到，「你的傾訴，傳開來就變成牢騷」，我真的深感認同。很多年輕人可能還沒有意識到，現在網路世界與現實世界已經幾乎毫無界線，你以為是自己「地盤」的臉書、Instagram或LINE故事、微信生活圈，根本就不存在所謂「隱私」這回事。它們就是你用來向外界展示與宣傳的平臺，也像是你的名片。不明就裡的人，在「以為是自己的地盤」上發牢騷，抱怨老闆、嘲笑主管、批評同事、嫌棄工作……還因為有人附和而沾沾自喜，殊不知很可能被老闆、主管和客戶看在眼裡，默默的被標上記號、印象大壞，從此「黑掉」，甚至被逼著走人，都是可能發生的情形。

而在現實生活中更是如此！你在工作場合抱怨時，就算有人附和你，那些附和你的人也不是真心附和，只是不好意思在你面前直接「吐槽」罷了。大部分的人潛意識中都會覺得，舉凡會發職場牢騷的，都是「能力不足」、「人緣不佳」、「情緒控管有問題」的人，即使很多人自己也會發牢騷，但「只准州官放火，不准百姓點燈」，他們「嚴以律人，寬以待己」，只會覺得發牢騷的你「有問題」，默默對你留下負面的印象；更不要說未來有可能因為僧多粥少，有人為了怕你和他搶位子，偷偷錄音或截圖做紀錄，在必要時給你致命一擊的情形發生。

於是，這本書中提點的許多觀念和技巧，便顯得格外重要。從告訴你「世上最動聽的話——微笑」、「誇張的點頭，其實是沒耐性聽下去」、到「吵贏了，卻疏遠了關係」、「讚美的話說太長就矯情了」，以及「沒有你要的，但引導你喜歡我提供的」等，都能幫助你未來贏在表達、輕鬆成事、遠離麻煩。表達力，在某種程度上可以視為一種超能力。你準備好跟著作者的腳步，來磨練自己這種超能力了嗎？

前言
讓談吐彰顯你，世界必不負你

很多時候，外表出色是一種競爭力。但是，如果一個人光有外表，卻無法清楚的表達自己的想法，是一件很可惜的事。

口才對於任何人，都不是一件可有可無的「裝飾品」。就算你外表出色，它也可以增添魅力。語言是最能展現個人魅力的工具，會說話就是一種本錢。一個人是否能獲得美好的愛情；是否能在面試中脫穎而出，敲開機會的大門；是否能在人際溝通中左右逢源，贏得大家的喜愛……這些都能在你的一番話語之中表現出來。

正如奧黛麗．赫本（Audrey Hepburn）喜愛的那句話：「要有誘人的雙唇，請說善意的言語。」如果你希望自己在別人眼中是一個隨和的人，那麼就要說溫和的話語；如果你尖酸刻薄，總是將別人說得一無是處，那麼你展現出來的就不是優雅與度量，而是將自己的形象徹底損毀。

一個人的魅力不僅來自外表，更來自豐富的內心世界。如果不想讓自己輸在不會說話上，就一定要重視內心世界的經營，從談吐中潤澤、滋養自己，讓自己由內而外的光彩煥發。口才好的人總是深諳說話之道，他們知道在不同的場合，對不同的人應該說什麼、怎麼說。

人生的舞臺就是說出來的。你可以不漂亮、不帥氣，但是你不可以「不會說話」。當今社會，一個人的成功，僅僅有一五％取決於技術知識，其餘的八五％則取決於人際關係及有效溝通等軟實力。會說話已成為一種競爭力，是影響生存、事業、感情的關鍵。想讓生活變得更美好、更快樂，就一定要明白——比外表更重要的是你的口才。

這本書詳細講解在各種場合下最受歡迎的說話技巧。只要你掌握了這些技巧，那麼面對任何人都能妙語如珠、恰如其分。

衷心期待所有閱讀本書的朋友，都能練就左右逢源的社交口才，成為一個真正會表達的人。

第一章

你的內涵與能力，不能輸在不會表達

1 世上最動聽的話——微笑

人類向來有投射他人情緒的傾向，所以我們微笑，對方多半也會報以微笑。

古希臘哲學家蘇格拉底（Socrates）曾說：「在這個世界上，除了陽光、空氣、水和笑容，我們還需要什麼呢？」世人皆知水、陽光、空氣很重要，豈不知微笑也有相同的價值？

微笑是什麼？有人說是一種表情，其實微笑更具有超脫的魅力。它熱情、友善，又能給人留下輕鬆和樂觀的印象。有一個小故事：

一位女士正在翻閱菜單，打算點餐，服務生卻嘀咕了一句：「妳的鼻子真大。」

女士聽了不但沒有生氣，反而笑了起來，更令人驚訝的是，她還輕聲細語的與服務生聊起天來：「妳的裙子真漂亮！」、「妳頭上戴的髮飾很好看！」女士的讚美與臉上的微笑讓服務生大感意外，她立刻對女士表示了歉意。

為什麼那位女士沒有生氣，反倒輕鬆化解了服務生的敵意？答案很簡單，就是她的讚美和微笑。當我們對他人微微一笑，就意味著我們容易親近且讓人覺得自在。微笑還表示我們接受對方，無論他是誰。人類向來有投射他人情緒的傾向，所以我們微笑，對方多半也會報以微笑。越是純潔的心靈，越容易感受到他人身上散發的美。而我們對別人的態度反應越強烈，越表現出我們自身的不足。

美國的一位心理學家曾做過一個實驗：觀察學生在畢業後四十年的生活。結果發現，畢業照上笑得最開心的學生，四十年後依然生活得很幸福、很快樂；而畢業照上沒有笑的那個學生，始終一個人生活，而且日子過得辛酸波折、不如人意。

世界上最動聽的語言就是微笑，最動人的表情也是微笑。**喜歡微笑的人不僅顯得年輕、充滿自信，還容易獲得身邊人們的喜愛，人際關係更加融洽**。最重要的是，微笑不需要花你一毛錢，卻能獲得巨大的收益。

大多數人的生活常瑣碎且忙碌，每天還要和各式各樣的人打交道，承受很大的壓力。早上走進辦公室，笑著和同事打招呼：「早啊！」一整天的工作都會輕鬆愉快起來。傍晚回到家，笑著問候愛人：「親愛的，辛苦啦！」就算是在寒冷的冬天，彼此也會感到溫暖如春。左鄰右舍相逢一笑，既增進了感情，又能緊密關係。人際關係有了芥蒂，再見時互相給個笑臉，不愉快也就煙消雲散了。生活中遭遇不幸，一個微笑或許就能讓跌至谷底的心，得到溫暖的慰藉。給他人一個笑臉，自己也能得到一個笑臉，同時獲得一份好心情，何樂而不為？

一位遊客和朋友到美國某景點觀光，導遊說附近有個極其特別的魚市，在那裡買魚是一種享受。遊客和同行的朋友聽後，都感到非常好奇。

那天，他們興沖沖的趕到魚市打算一探究竟，但天氣卻不是很好。不過，這沒有影響到大家的心情，因為細心的遊客發現了這個魚市的特別之處：沒有難聞、刺鼻的魚腥味，到處都充斥著魚販愉快的笑聲。

魚販就像合作無間的棒球隊員，活蹦亂跳的魚就像棒球在空中飛來飛去。一路上，遊客還不時的聽到魚販的對唱：「啊，五條魚飛往休士頓了。」、「八隻蟹飛到博蒙特了。」這是多麼和諧的生活啊，充滿了歡笑和樂趣。

其中一位遊客忍不住問當地的魚販：「你們在這種環境下工作，為什麼還能保持如此愉快的心情？」魚販輕描淡寫的說：「事實上，幾年前這個魚市還死氣沉沉，大家整天怨聲載道。後來，大家認為與其每天抱怨沉重的工作，不如改變自己的心態。於是，我們不再抱怨，而是把賣魚當成一種藝術。再後來，一串笑聲接著一串笑聲，我們就成為魚市中一道亮麗的風景了。」說完，又是一陣爽朗的笑聲。

其實，生活本來就是這樣，無論你富甲天下還是一貧如洗，只要善用微笑，就懂得生活的意義，而人生的樂趣莫過於微笑著生活。微笑詮釋了一個人獨特的魅力，面對不如意的現實，他相信這只是黎明前的黑暗。生活就像一面鏡子，你笑它就笑，你哭它就哭。用微笑面對生活，生活將回饋你更燦爛的微笑。

2 人多的場合我就不自在，怎麼辦？

你並不是每個人心中的VIP，聚會裡也不是每個人都跟你的生活有很大關係。所以，你大可放心的和人們低調、愉快的談話。

人際關係中，每個人都渴望自己擁有出眾的口才，然而，在實際談話中，很少有人能談笑自如的發揮自己的口才。大多數人不是言語不流暢、吞吐其辭，就是情緒緊張、說話缺少吸引力，結果自然很難打動對方。**聊天的目的就是要讓人們感到舒適**、**自在**，若是交談的任何一方忸捏、緊張、拘謹，就社交而言都是失敗的。

在潛意識裡拒絕與人交流或是害怕當眾說話，是每個人與生俱來的弱點，這和人的性格有很大關係。這樣的人並不是談吐能力差，而是缺乏自信。但是礙於情面，很少有人主動打破這道藩籬，讓不會聊天的人知道他們到底做錯什麼。

問問那些對閒聊敬而遠之的人，總會聽到這樣的回答：

「我沒辦法說得很好，所以常常覺得很丟臉。」
「說實話，我很在意對方怎麼看待我說的話。」
「如果我的話讓現場氣氛冷下來，怎麼辦？」
「我總是感到緊張，說話結結巴巴的。」
「我想好好說，但每次都會丟臉。」
「別人說完話，我不懂該怎麼接，所以很怕兩個人面對面的聊天。」

歸根究柢，出現這些問題，主要還是自我意識旺盛、過強的自尊心在作祟。如果一個人對自己都沒有信心，心虛膽怯，難免會造成情緒緊張，而緊張的情緒反過來又會造成談吐上的障礙。

這些自認為不擅閒聊的人，總是有過強的自我意識和自尊心，過分在意自己的形象，怕丟臉而不敢開口，結果只會在彼此之間形成更大的障礙。

想讓每個人都喜歡與你交談，最重要的一點就是自信。如果你總是表現得信心十足，說起話來就會鏗鏘有力，富有感染力。

要克服這個弱點，根本的解決方法就是，**不要對自我形象有過高的觀感，也不要對談話的效果和過程有過高的期許**。一次好的聊天，多取決於對話者的心態。一個沒有受過高等教育的農民，可能給你帶來身心愉悅的聊天體驗，而一個受過高等教育的教授，也有可能讓你無法接話，這都是有可能出現的事情。

你的自我評價常會影響他人對你的看法：如果你覺得自己缺乏社交技巧，別人也會這樣認為；如果覺得自己無話不說，別人也會認為你是個滔滔不絕的人。事實上，人們總是習慣憑著顯而易見的事實，或是聽來的評價來形成一個人的印象。因此，最好的辦法就是**引導他們，產生你希望他們對你產生的看法**。

要想做到充滿自信、舉止從容、行為得體，你還必須記住以下幾個原則：

▼聽眾會感受到你的情緒，並且會回應你。如果你熱情，他們也會熱情；如果你無趣，他們自然也會感到無趣。

▼要把注意力放在每個詞句、每項行動上，並全力培養這種能力。所有的力量都基於感覺，如果你覺得能做到，那麼你就做得到。

▼當你覺得不自然時，就要進行積極的心理暗示，這樣，你之後的行為舉止就會越來越自在。

▼無論如何，都要表現出勇敢、自信的樣子，或是至少要假裝相信，別人肯定喜歡看到你、肯定願意花點時間和你聊天。

最後，請你記得，你並不是每個人心中的ＶＩＰ，同時，聚會裡也不是每個人都跟你的生活有很大關係。所以，你大可放心的和人們低調、愉快的談話，不必表現得很完美。說得直白點，你只需要讓自己放輕鬆些，從而讓別人感到舒服，這樣你便會更受歡迎，而你也會變得更快樂。

3 讓自己有話可說。不難

準備得越充分，在溝通時就會越有自信，溝通的效果就會越好。

不知道你是否有過這樣的經歷：向老闆彙報工作時，說著說著忽然就沒話說了；遇到一個心動的女生，談著談著就沒話可聊了；處在一個陌生的環境，結交一些新朋友時，發現自己很難和他們找到共同話題，只能很尷尬的杵在那裡。

這樣的經歷、情境時常發生。然而，這些思維短暫停頓或談話中斷的情況，免不了會對我們的工作或生活產生負面影響。所以，我們要事先做好準備，做到有話可說。

Aaron想請一位大學教授幫他做一些事情，終於，他有了一次和這位教授見面聊天的機會。

早在見面之前，Aaron就盤算著，怎樣才能快速又順利的和這位教授拉近距離。後來，他上網找到這名教授的部落格，並且仔細閱讀他所有的文章，發現教授對泰戈爾（Rabindranath Tagore）的詩很感興趣。於是，在和教授見面之前，Aaron花了不少時間研讀泰戈爾的詩，以備不時之需。

見面那天，當教授面帶微笑的坐在Aaron對面時，他不經意間說出了泰戈爾的那句詩：「你微笑，沒有對我說一句話，而我知道，為了這個，我已經等了很久了。」教授一下子聽出了這是泰戈爾的詩，頓時既驚又喜。

正是這首小詩讓彼此之間的心理距離，一下子拉近了許多，接下來，兩個人越聊越投機。Aaron也很快得到了教授的熱心幫助。

在任何時候，機會都只青睞有準備的人。那麼，怎樣才能找到與別人聊天的話題呢？舉凡你剛看過的報紙、雜誌，或是偶爾翻看的書，還有廣播、電視等，都可以成為話題的來源。若是再多了解一點熱門新聞，或是當下流行文化，更能使你在聊天場合中，不至於言語乏味、無話可說。

也許你會說，這不就意味著什麼都要懂嗎？其實，這個社會最需要的是有專業知識面的人。再者，每一件事情都有很多面，如果這一角度你不熟悉，那就換到自己熟悉，或是了解得相對比較多的角度來談，這樣或許就會好很多。

比如，在你剛到職的公司裡，幾位同事正在談論某個明星的緋聞，而你對此卻知之甚少，也不清楚他們各自的立場。此時，你該怎麼說呢？

雖然你不知道那位明星的緋聞，但是你知道身邊發生的事情，也就是說，你可以巧妙的換個角度，把話題拉到自己熟悉的領域。所以，你可以這麼說：「其實當明星也挺不容易的，時時刻刻都生活在鎂光燈下，要被那麼多人關注，還要顧及自己的公眾形象。有時候，有點緋聞也是很正常的。」這樣說話不僅不會得罪人，還能很快的融入一個新的圈子。

當然，為了做到在任何場合都有話說，也不能生硬的把你所知道的事都引入交談中來。所以，在需要沉默的時候，你也要懂得適時「閉嘴」。比如，你可以問對方問題：「你有沒有看到今天的新聞提到……」、「有沒有人看了東野圭吾最新的那本書？」請記住，你的目的是認識他們，而不是談論某個話題。

如果沒人搭你的話，也沒必要為此感覺難堪，或許人家正沉浸在某個有趣的話題中，你自己不也經常這樣嗎？辦法很簡單，你直接加入他們的話題就是了。

總之，**在參加社交或商務活動之前，你最好事先準備好你感興趣的人物、活動、新聞等一連串交談的話題**。也許在交談時不需要提到這些，但是在關鍵的時候你可以用它們來應付場面！

也有一些人總覺得自己的口才不好，就算事先準備相關的談話內容，還是會遭逢尷尬。這是因為你沒有不停的給自己心理暗示。比如，**當你要說話的時候，你就要提前給自己一個暗示：我很努力，我很棒，我能做得很好**。

不管你的口才處在何種水準，都有進步的空間，而充分的準備，無疑是讓交談變得更為順利的關鍵方法之一。只要你鼓足勇氣，堅持下去，你就會養成充分思考和準備的習慣。

4 形象決定價值，讓穿著替你說話

得體的服裝可以幫你展現出沉著自如、優雅得體的一面，讓你在各種場合中都保持鎮定自若的心態。

穿著對一個人的影響，比很多人想像中要重要得多。無論在什麼場合，也不管你的年齡，你的穿衣品味都在不斷的定義你是誰。相關調查報告認為，一個人的衣著會影響別人對他的財務狀況、權威性、可信度、智力水準以及工作穩定度的看法。不僅如此，穿著還會影響他人對一個人行為的判斷，進而決定是否雇用你、是否付給你更高的薪水、是否相信你的話、是否購買你推銷的產品……

穿著——**這一無聲的語言，一直在告訴別人你是一個什麼樣的人**。如果你想成為你想要成為的模樣，就要學會用你的穿著替你說話。

想必很多朋友看過《穿著 Prada 的惡魔》（*The Devil Wears Prada*）之後都會

有這樣的感悟：「不僅內涵重要，外表也同樣重要」。女主角安迪從樸實、不修邊幅的小助理，一步步修煉為精緻美麗的職場達人，這中間除了她個人能力的提升之外，自然也少不了外在氣質的打造。

也許你會說漂亮是一件很主觀的事，每個人都有自己的審美標準。但是請記住，你的衣服會講話，而且聲音很大。尤其是位高權重的政壇人物，特別善於搭配自己的服飾。

英國前首相柴契爾夫人（Margaret Thatcher）堪稱英國女政要的穿衣典範。英國《金融時報》甚至這樣評論：「柴契爾夫人改變了我們所有人，她的穿著對現今的女性穿著，仍然有著至深的影響。」

那個曾經叱吒風雲的「鐵娘子」是如何成為時尚偶像的？在政壇同僚看來，柴契爾夫人有兩個風格標籤——藍色和珍珠。即便以今日的眼光來看，藍色，那與生俱來的優雅、穩重又不失活力的美感，依然備受女性朋友的青睞。柴契爾夫人對於珍珠的鍾愛，更是毫不掩飾。在一次媒體採訪中，她曾提到：「珍珠能提亮膚色，讓人瞬間變得光彩奪目。就算是一件普通的衣服配上珍珠，照樣能顯得氣度不凡。」事實上，無論是日常穿著，還是晚宴禮服，珍珠首飾總能為柴契爾夫人襯托出極具個人特色的韻味。

更重要的是，柴契爾夫人還開創了英國政壇「權威穿著」的穿衣心理學。自她以後，女性政治家的幕僚裡，開始滲入時裝專家的身影，而柴契爾夫人那既具有權威性和端莊感，又不失優雅女人味的套裝造型，更是成為當今政壇女性的標誌造型。

在各種場合中，穿著可以說是一種無聲的語言。如果你穿著不當，無異於向大眾傳達一種錯誤的訊號。不但會成為輿論指責的焦點，甚至還會遭到非議。

一九八七年，美蘇兩國首腦在華盛頓簽署《中程飛彈條約》，其間兩位第一夫人南茜（Nancy Davis Reagan）和賴莎（Раи́са Макси́мовна Горбачёва）的穿著，更是成了一次無聲的自我介紹。

在這次重要的外交活動中，兩個人不約而同的穿上灰色的套裝。賴莎為了改變蘇聯婦女「貨車司機」的形象，刻意在套裝內加上一件紅色襯衫，最終效果顯而易見——不僅凸顯了上下身的比例，更令眾人感到眼前一亮。

而南茜的穿著就沒有那麼適宜了。媒體評論說，她的套裝的雙肩給人感覺不夠沉穩，腰部線條也不夠流暢，顯得過於誇張。很顯然，在這種特殊的場合下，南茜的穿著絲毫沒有給她的外交形象加分，反倒因「穿著不當」而備受爭議。

穿著是塑造一個人形象的重要元素。「美雖無形，勝驍勇萬千」，雖然有點誇大，但不可否認的是，外表好看的人的確會有很多優勢和機會，畢竟「愛美之心，人皆有之」。既然衣著如此重要，那麼怎樣的穿著才能為生活加分呢？

▼服裝並不一定要高檔華麗，但一定要保持清潔，並熨燙平整。唯有這樣，衣服穿起來才能大方得體，也才會顯得精神煥發。

▼工作時，應穿著正式套裝；下班後，出席活動就多加一些修飾，如換一雙高跟鞋，戴上有光澤的佩飾，或是圍一條漂亮的絲巾。

▼ 不同色彩會給人帶來不同的感受，如冷色調的服裝會顯得莊重嚴肅，而暖色調的服裝會使人顯得輕鬆活潑。所以，你可以根據不同場合進行選擇和搭配。

▼ 佩戴的飾品不宜過多，否則會分散對方的注意力。而且佩戴首飾時一定要與整體服飾搭配統一，盡量選擇同一色系。

雖說穿著十分重要，但並不是要你過分的裝飾外表。**注重外表的前提是充實的內在**。只有內在充實、豐滿了，才能在外表上有所展現。

5 放大音量，膽子會跟著大起來

聽眾主要是想聽內容，至於你是誰並不重要。所以，與其擔心講錯話，倒不如專注於自己應該說些什麼。

恐懼、憂慮是阻礙說話達到預期效果的重要因素，日常生活中，我們經常會聽到或是經歷這些煩惱：

「我的導師在每堂課上都喜歡提問，每當叫到我的名字時，我都會張口結舌。我很害怕當眾表達自己的見解。」

「對我來說，沒有比求職面試更傷腦筋的事了。我花了足足九個月找工作，每次面試時，一開口說話我就特別緊張，總是冒冷汗，事先準備好的發言也統統忘得一乾二淨。」

「我聽過許多報告，即使我坐在聽眾中間，也沒人知道我是誰，但每當我考處提出一個問題時，我的心還是會怦怦的跳個不停。」

一提到說話，很多人常什麼都說不出來，眼神飄忽不定，含糊其辭。現實生活中，我們難免會遇到當眾說話的時候，但並非每個人都是天生的演說家，平常也鮮有練習的機會，於是，說話就成為很多人恐懼的事情之一。

美國演講學家查理斯．R．格魯內爾認為，每個人身上都具有理性的、社會的、性別的、職業的自我形象。當人們說話時，就會把自我形象暴露在公眾面前。由於擔心自我形象會因為說話而受損，就產生了窘迫不安的怯場心理。

那麼，如何把恐懼心理化為積極的談話動力呢？你可以從以下技巧中，選出適合自己的：

- 聽眾主要是想聽內容，至於你是誰並不重要。所以，**與其擔心講錯話，倒不如專注於自己應該說些什麼**。
- 就算是總統致辭，也可能會出錯。所以，當你說話時，根本不需要用華麗的辭藻鋪陳，就像跟朋友話家常一樣，越是生活化的語言，越能讓你放鬆下來。

- 不管是只有十個人的小聚會，還是上萬人的大型論壇，多數人都跟你一樣，對說話這件事情，是恐懼、焦慮、不知所措的。當你知道這個事實後，再與別人接觸時，緊張和焦慮就會減緩。
- 那些在社交場合表現得談吐優雅、舉止大方的人，都是在無數次的談話之中練就的。當你這樣認為時，你的緊張焦慮就會降低許多。
- 很多人常認為別人各方面都比自己強，在遇到人多或是重要的場合時，就顯得特別緊張，以至於無法順暢的表達自己的想法。其實，你完全不必高估對方，認為自己不如別人，反倒是應該多想想自己的優勢，並激發和強化自信心。
- 有時候，直接向對方表達自己的緊張和焦慮，這些負面的情緒反倒會隨之消失。比如，當你去拜訪自己比較在意的前輩時，你可以說：「見到您，真的很高興，但由於一直很仰慕您，所以見到您有點緊張，請您見諒。」
- 一般情況下，膽小憂慮的人在說話時聲音往往很細小，顯得信心不足。對此，要注意提高音量，養成大聲說話的習慣。時間久了，膽量就會在大聲說話中得到提升。

▼如果你覺得緊張、害怕，那就把手頭的事情停下來，深呼吸，讓自己放鬆下來。待完全放鬆後，再重新回憶一下剛才的情景。如果還是緊張，就繼續做深呼吸，如此反覆，直到你不再覺得緊張為止。

6 先練習眼神接觸，而非說話技術

最鮮明、最突出、最能反映一個人深層心理的，是他的眼神。同時，善用眼神傳情達意，也能獲得意想不到的效果。

眼睛，被人們稱為「靈魂之窗」，這不是沒有道理的。儘管我們可以選擇說什麼樣的話，控制不願外露的面部表情，但是我們的眼睛不會說謊，它會透露我們的想法：是喜歡還是厭倦，是驚奇還是平淡，是信任還是不信任。很多時候，即便我們不說一句話，眼睛也具有很強的判斷、表達的能力。

在整個面部表情中，最鮮明、最突出、最能反映一個人深層心理的，是他的眼神。**一個人的喜怒哀樂、愛憎好惡都能從他的眼神中表現出來，眼神甚至還能表達出，用言語難以訴說、極其微妙的思想感情**。

不僅如此，一個充滿魅力的眼神，除了可以讓別人看到你的自信，還能促進彼此之間的人際關係。反之，如果對方一直在東張西望，對你而言，那種場面一定相當尷尬。

因此，學會用眼睛說話，把自己真實的感情透過眼神表露，有時候甚至能比語言獲得更佳的表達效果。

在飛往義大利威尼斯的航班登機口，一位年輕女子和她的男友一路飛奔跑了過來。雖說飛機尚未起飛，但是登機通道已經關閉，登機口到機艙口之間的登機橋也已被收起。

「等等，我們還沒登機！」年輕女子氣喘吁吁的喊道。

「很抱歉，女士，登機時間已過。」正在平靜的整理著票根的工作人員說道。

「可是我們的轉乘航班十五分鐘前才剛到機場，而且他們答應我們一定會提前打電話通知登機口的。」年輕女子繼續解釋。

「真的抱歉，登機口一旦關閉，任何人都不能登機。」登機口工作人員表情嚴肅的說。

年輕女子突然沉默了，忽然又像是想起了什麼，猛然拉著男友走到玻璃窗正中間的位置，這裡恰好可以看到飛機駕駛員的座艙。

年輕女子注視著飛機駕駛員，看樣子，她希望以此引起對方的注意。

這時恰好有一名駕駛員看向她站立的位置，兩個人就那麼對視著，似乎也就是幾秒鐘的時間。但是，年輕女子事後回憶起來卻說：「那一刻，時間彷彿都凝滯了。我感覺到駕駛員看到我們站在玻璃窗前可憐兮兮的樣子，我們的眼裡充滿了悲傷和哀求。」

最後，那名駕駛員的嘴脣略微動了幾下，另一名駕駛員也看向年輕女子，轉而只見他點了點頭。

就這樣，這位年輕女子和她的男友聽到登機口工作人員的電話響了。一位工作人員看向她們，眼睛瞪得大大的。

「拿著妳們的行李！」工作人員說，「飛機駕駛員要妳們快點登機！」

年輕女子和男友興奮的抓起行李，向那兩名駕駛員揮揮手，匆匆上了飛機。（按：本故事出自史都華．戴蒙，二〇一一，《華頓商學院最受歡迎的談判課》，頁三至四，陳瑞燕，華頓商學院二〇〇二年入學畢業生的故事）

很顯然，這是一次成功的「談判」，年輕女子雖然沒有說出一言一語，卻以一種意志明確、高度有效的方式獲得了成功。不得不說這個過程中，包含了很多技巧，當然，肯定少不了這位女子會說話的眼神。

在當時的情況下，這位女子的眼神可以說是最強而有力、最有效的交流工具。這跟家長經常只是透過一個眼神，就能讓頑皮的孩子安靜下來，或是一對年輕的戀人隔桌相望，不說隻字片語也能互送秋波，有著同樣的效果。

生活中很多事情的成功與否，比如求職面試、商業洽談或是初次約會，都與我們用眼神傳達正確資訊的能力有關。與人交談時，我們常會強調雙眼要直視對方，對對方而言，這個微妙的動作其實在無形中傳遞了幾個明顯的資訊：你是放鬆的，你很有自信；你和他在交談時，你的精力是集中的。這也解釋了為什麼演說家往往會建議，你與交談者要保持一定的目光接觸，因為這是留下積極的第一印象的關鍵。

如果你對眼神的接觸感到不習慣，可以先找家人或是朋友練習，直到你和他人談話時，至少有一半的時間能夠主動接觸對方的眼神為止。在這個過程中，無論你遇到什麼困難，都要堅信一點：這確實是一個很重要的社交技巧。

當然，你也可以不時的把眼神移開，或是至少高過對方的肩膀，這樣才不會表現得像是在刻意記住他們的模樣，或是讓自己的眼神看起來無比銳利。畢竟被盯著看，無論是誰都會感到不自在。此外，為了避免只盯著對方的眼睛看，你也可以試著看對方的整張臉，這也是一個很有幫助的眼神接觸方法。

不過，在現實生活中，如果有些人不敢和你對視，很可能暗示著他有過邪惡的行為，或是性格上有什麼缺陷。當然，也不排除神祕的個人行為這種可能，而你所能做的就是接受。

7 經常說話。怕出醜的人才被當庸才

不管一個人的知識有多麼淵博、大腦多麼的聰慧，都不可能一開始就清楚明白的表達出自己的想法和建議。

一個人如果不下水，就永遠也學不會游泳；一個人如果不揚帆，就一輩子也不會撐船。說話能力也是如此。如果你**不開口說話**，**即使學了再多的關於當眾講話或是談判的知識與技巧**，**也不可能真正靈活運用**。進一步說，如果你不經常說話，並且不思考怎樣才能說得更好，你是不可能取得成功的。

很多人會說：「每當我要開口說話時，經常會連自己想要表達什麼都忘得一乾二淨，更談不上文采和修飾了。」其實這並不重要，最重要的是你已經成功的開口說話。不管一個人的知識有多麼淵博、大腦多麼的聰慧，都不可能一開始就清楚明白的表達出自己的想法和建議。

在談話中要做到八面玲瓏、魅力無窮並非易事，任何成功的說話高手，都是從點點滴滴的談話中磨練出來的。

當蕭伯納（George Bernard Shaw）被問及他是如何學會聲勢奪人的進行演講時，他答道：「我是以自己學會溜冰的方法來做的，我使勁讓自己出醜，直到我習以為常。」

年輕時，蕭伯納相當膽怯，有人看見他在防波堤上走二十多分鐘，最後才壯起膽子去敲別人的家門。他承認：「很少有人像我這樣為膽小而痛苦，或極度的為它感到羞恥」。

後來，蕭伯納無意間用了最好、最快、最有把握的方法來克服羞怯、膽小和恐懼。他決心把弱點變成自己最有力的資本。他加入一個辯論學會，只要倫敦有公眾討論的聚會，他必定參加。蕭伯納還全心投入社會主義運動，並四處為該活動演講。結果，他把自己變成了二十世紀上半葉，最有自信、最出色的演說家之一。

每個人都會有理想的自我形象，希望別人以讚許的目光來看待自己。當跟陌生人接觸、與異性交往、和權威人士交談，或是當眾說話的時候，就會不由自主的意識到自我形象面臨著某種威脅，擔心自己一說話就錯誤百出、當眾出醜，害怕別人說自己「沒水準」或者「愛出風頭」。很多人由於對說話可能產生的不確定性感到擔心，因此不願意開口。其實，這種擔心是完全沒有必要的。要知道，**即使你沒有說好，也沒有人會責怪你的**。

所以，你應該**抓住每次鍛鍊說話的機會**。看看自己的周圍，你會發現沒有一個地方是不需要說話的。你可以主動的參加一些團體，從事一些需要講話的工作；也可以在聚會上站起來說上幾句，哪怕只是附和別人的話；在開會時，不要讓自己躲在角落，而是要命令自己勇敢的站起來說話。只有這樣，你才能知道自己在哪些方面有進步，才能掌握說話的技巧。

8 心直口快不是優點，是教養欠佳

一開口說話，你的意識觀念、價值觀、行為方式，乃至性格特點都將全部展現在聽者面前。

語言表達能力並非每個人天生擁有的本領，而是後天練習的結果。口才的完善是思想、語言、行為、儀態、情緒等各個方面綜合磨練的過程，更是提升內在修養的過程。遺憾的是，很多人的外在形象很好，名片上也印著各種頭銜，結果在開口說話的瞬間，真實的修養卻暴露無遺。

某繁華商業區的一家咖啡館，一位美女走了進來。只見她皮膚白皙，修長美腿，五官精緻，明豔動人，點了咖啡後，她便靜靜的端坐在那裡，看樣子是在等人。

過了一會兒，這位美女等的人到了，只見她伸手打了個招呼。可是，這位美女一開口就把鄰座的客人嚇壞了：「哎呀，媽呀，妳這包實在好看，新買的啊，在哪裡買的，多少錢呀，很貴吧？」美女的聲音之大，引得旁人紛紛側目。

你的身邊是不是就有這樣的人？

你穿著新買的衣服，她瞄了兩眼，就開始追根究柢：「你這衣服多少錢買的？」、「哎呀，買貴了，不好看，趕快退了吧！」

你追劇正追得開心，她突然冒出一句：「你怎麼看這齣電視劇啊，這是給傻子看的，既沒營養又浪費時間，快換臺。」

她們一開口就是負能量，不是嘮叨菜價漲了，就是抱怨公車來得慢，從她們口中我們永遠只能聽到壞消息。

我們常會善良的認為，一個人說話刺耳只是因為他直言不諱，一個人滿嘴負能量，只是因為他的日子過得不夠順。說話難聽，一、兩次還可以理解成心直口快，如果每次都這樣，只能說明這個人的教養不夠。如果一個人每天都把源源不斷的壞消息、壞心情傳送給你，自己過得不開心也就算了，還要搞砸你的生活，只能說明這個人的EQ低。

在交談時，讓對方覺得舒服才是一個人最基本的修養。而且說話不只是一種能力，更是一門藝術，可以呈現出一個人的各方面。在交談中更能看出一個人的人品。你的言語就是內心世界的一面鏡子，心裡想什麼，就會說出什麼樣的話。透過這面鏡子，我們可以看到很多平時不容易看到的東西。正所謂「言為心聲」，從一個人的言行中，我們可以判斷其思想和情感，以及修養與格局。

我們每個人都很在乎自己的個人形象和前途。一開口說話，你的意識觀念、價值觀、行為方式，乃至性格特點都將全部展現在聽者面前。如果一個人的心裡只有自己，無視他人的感受，一開口便貶低別人、抬高自己，怎麼會不讓人覺得心寒呢？

修養和氣質來自你的一舉一動、一言一行。要想學會說話，關鍵還是在於**提高自己的修養**，**增加閱歷**，**領悟人生**。當然，要想把話說好，並非易事。如果你覺得自己的語言表達能力不盡如人意，或是修養不夠，那就多讀書、多思考，這樣才能帶給你更高的修養和語言表達能力。

第二章
先閱人，然後說到對方心裡去

1 要去誰的山頭，先學唱誰的歌

只有熟悉對方的性格、興趣、習慣和說話方式，才能把話說到對方心裡。

一個人的性格，真的會從他的說話方式裡流露出來嗎？雖然每個人的說話方式與他人有著一定的差別，但是，從這些說話方式裡提煉出來的性格密碼，往往帶有一定的普遍性。也許你會發現真正的說話高手只需要和對方交談一會兒，甚至僅僅聽對方說上幾句話，就能大概判斷出對方的脾氣和本性，做到「聽其言，觀其行」。

某設計公司接了一個園林專案的設計工作，為了保證品質和效益，老闆打算聘請業界一位著名的設計大師擔任顧問。棘手的是，那位設計大師性情孤傲，公司先後派了幾個員工去拜訪，都碰了釘子。最後，公關部經理葛天主動請纓，前往設計師的家中和他洽談。

在拜訪這位設計師之前，葛天從熟人那裡打聽到，老先生對丹青有著非常濃厚的興趣。

為了這次洽談的成功，葛天花了半個月的時間，認真研讀中國美術史方面的書籍，希望跟這位設計大師見面時，能夠多一點談話閒聊的話題。

那天，葛天到設計大師家中造訪，她明顯感覺到，老先生對她的到來表現得很冷淡。

其實，葛天早就料到會這樣，也沒想太多。她走到老先生的書桌前，欣賞他剛剛完成的一幅作品，並讚嘆：「老師的這幅畫作，清潤文雅、平和怡然，真是一幅難得的佳作。」

聽了葛天的讚美，老先生冷淡的情緒緩和了許多，像是遇到知音一般。最後，談話進行得非常愉悅，老先生也答應了葛天的邀請，同意出任該公司的設計顧問。

在社交中，**想要說話對對方的胃口，就得了解對方的性格、興趣、習慣和說**

話方式，只有做到「到什麼山頭唱什麼歌」，才能把話說到對方心裡。那麼，如何從言語中判斷出對方的性格？

例如，如果一個人說話時總是談論自己，可以從自己的經歷、個性，一直聊到對當下一些事情的看法，顯然這種人的性格比較外向，喜歡表現自己，樂於表達自己的態度和意見。不可否認，這種人多少有點虛榮。

相反，如果一個人談話的內容很少涉及自己，無論是經歷、性格，還是對某件事情的看法或態度、意見等，這往往意味著這種人的性格較為內向，不愛公開表現自己，比較保守。另外，這種人可能有著很深的城府。

還有一些人，總是給人快人快語、易衝動的感覺，這種人的性格大都比較急躁；為人直率熱情、活潑好動、反應迅速、喜歡交往的人，大都是性格開朗之人；那些喜歡口出狂言、好為人師的人，往往是驕傲自負之人。

所以，說話時，我們一定要根據對方的身分、職業、經歷、性格、心情等，採用不同的說話方式，如此才能收到更好的效果。當說話方式與對方性格相投時，自然能一拍即合。

2 聲音會洩露一個人的底

當我們從一個人的面部表情、身體動作、用詞等方面，都無法知道他究竟在想些什麼時，不妨透過聲調去揣摩其情緒變化。

生活中，很多人都有過這種體驗：不用眼睛看，只要聽到對方的聲音，就能判斷出這個人自己認不認識。如果認識的話，還能判斷出這個人到底是誰。

道理很簡單，人的聲音各有特點：有的洪亮、有的沙啞、有的尖細、有的粗重。有的人長得高大、魁梧，說起話來卻輕聲細語、有氣無力；而有的人身材矮小，聲音卻非常洪亮。

古人講「心動為性」，性分為「神」和「氣」，而性發成聲。意思是說，聲音的產生不僅有賴於空氣，還和說話者當時的心理活動密切相關，而且聲音輕重、長短、緩急的變化也與一個人的特徵息息相關，這便是「聽聲辨人」。

所以，當我們從一個人的面部表情、身體動作以及說話用詞等方面，都無法知道對方的心態時，不妨透過聲調來揣摩其喜怒哀樂等情緒變化。聲音是洞察人心的一個重要線索，不僅能展露出一個人的性格，甚至連這個人是俗是雅、是剛是柔、是智是愚、都能聽個一清二楚。

透過聲音常常能辨別出一個人的心事。一般來說，當一個人的內心通達時，聲音就會顯得清亮；一個人的內心平靜時，聲音往往會很平和；而內心慢慢變得興奮之時，聲音又會變得很激動。

經常唉聲嘆氣的人，大都比較自卑，心理承受能力差，不能正確的面對失敗。往往不從自己身上找原因，而是把失敗的原因歸咎到外界因素，以此來安慰自己。語氣凝重深沉的人，大都比較成熟，對世道人心的把握很老練，也具有很強的責任心。

不僅如此，聽聲辨人還可以幫我們辨別出一個人的職業、志向、心胸等。比如：聲音洪亮的人，大都精力比較旺盛，具有藝術家的氣質，有情趣、熱情，也有榮譽感；聲音低沉而粗重的人，比較現實，很有作為，而且適應能力強，為人成熟瀟灑；聲音清脆的人，會給人留下精力充沛、活力無限的印象，性格大都比較外向；聲音溫和而沉穩的人，往往具有長者風範，做事慢條斯理，具有很強的耐力，一旦目標確定，就會扎扎實實的堅持到底。

由此看來，**一個人說話時的聲音，總會在不經意間透露自己的內心世界、情感和態度**。所以，不管是在日常交流，還是在說服別人時，了解清楚一個人說話的聲音，對我們的溝通都具有很好的促進作用。

3 聽明白不等於聽懂，多咀嚼一下

唯有聽出對方的言下之意、弦外之音，才能達到溝通的目的。而一個聽不出弦外之音的人，在他人看來一定是愚蠢、可笑的。

聰明的人在表達自己的思想或感情時，往往不會直接表明，而是選擇用一種較為隱晦的說法代替。尤其是在對方犯錯時，這種委婉的指出錯誤的方法更容易讓人接受。

亨利是美國歷史上富有口才的牧師、演說家，不久前，他不幸去世了。

在一個星期日，萊曼應邀向那些因亨利去世而傷心不已的牧師們演講，由於他急於取得成功，所以把演講詞改了又改。

在演講正式開始的前一天，萊曼將演講詞讀給妻子聽。

事實上，他的演講詞寫得並不好，可以說是很糟糕。如果萊曼的妻子缺乏見識，她可能會說：「萊曼，你寫的是什麼啊，簡直糟透了，絕對不能用。你傳道這麼多年，竟然寫了一堆讓人聽起來就想睡的東西。我敢說，如果你這麼唸下去的話，一定會搞砸的。」

那麼，事實又是怎樣的呢？萊曼的妻子心裡很清楚，如果照此唸的話，丈夫的演講會有怎樣的結果，所以，她換了一種方式：「親愛的，我覺得如果我們把這篇演講詞寄給報社的話，一定是一篇極好的文章。」

萊曼聽出了妻子隱晦的意思，便撕碎了自己精心準備的底稿，第二天連大綱都不用，很自然的做了演講。

萊曼之所以滿心歡喜的接受妻子的意見，是因為妻子稱讚了他的演講詞，同時又很巧妙的暗示了丈夫不能用這篇演講詞去演講。萊曼當然知道這一點，所以他照妻子的意思做了。

很多時候，運用含蓄的語言進行委婉、間接的勸服，能夠達到理想的效果。俗話說：「聽話聽聲，鑼鼓聽音。」聽音，就是聽別人說的話，對此你要認真的揣摩。有些話如果單從字面意思上來看，是聽不出什麼名堂的，但是聰明的人往往能從中理解說話者的本意，這就是聽弦外之音。透過字面意思去了解它的深層含義，即理解它的「言外之意，弦外之音」。

舉個例子，如果一位鄰居對你說：「你家女兒真刻苦，每天晚上十一點多，我們都睡覺了，還聽見她在彈琴。」很顯然，這不是一句普通的話，言外之意是，你家女兒彈琴彈到很晚，影響到別人的休息。所以說，聽人說話，一定要聽懂弦外之音。

尤其是在職場中，學會聽懂上司說的話，特別是弦外之音，不但是一個人成熟的表現，而且工作起來也能遊刃有餘，效率和默契程度才會更高。但是，如果你不夠聰明，不明白說話人真正的意思，就會增加溝通的難度。

小蕭在一家法資企業工作，平日裡，他和公司老闆私交甚好。

有一次，老闆刻意安排他陪同去法國出差。對於這件事，大家早就在私底下議論紛紛，畢竟這麼好的差事，誰不想去呢？

考慮到後續影響的問題，老闆找了一個機會，當著所有職員的面問道：「小蕭，你的法語很不錯吧？」

可是，小蕭卻沒有弄明白老闆的弦外之音，謙虛的回了句「我的法語能力很一般啊」。話剛說出口，他身邊的同事便開始毛遂自薦了。

小蕭這才恍然大悟。

其實，辦公室裡同事的法語能力都差不多，老闆只是想給小蕭一個鍛鍊的機會。可是，小蕭卻沒能聽出老闆的弦外之音，白白錯失了這個機會。

在不同的語言環境下，一句話很可能會有迥然不同的意義，這就需要我們學會審時度勢，準確判斷出說話者在某一情境下的真實用意。**聽出對方的言下之意、弦外之音，才能達到溝通的目的**。而一個聽不出弦外之音的人，在別人看來一定是愚蠢、可笑的。

4 速度加快或變慢，洩露哪種心思變化

心懷不滿或懷有敵意的人，說話速度往往會不自覺的放慢。相反，愧疚或是想要說謊的人，說話速度往往會快得嚇人。

說話的特徵之一——速度，能表現一個人的機靈聰敏程度。一般來說，說話速度快的人多半聰明伶俐、能言善辯，說話速度慢的人多半比較木訥。

但是，如果一個人說話速度跟以往大相徑庭，往往與他的深層心理有著密切的關係。比如，平時鼓舌如簧的人，突然變得貧嘴薄舌，或者平日說話沒有頭緒的人，突然說得條理分明，你就要格外注意了，看是否發生了什麼事情，使他們的心理產生變化。

心有不滿或懷有敵意的人，說話速度往往會不自覺的放慢。相反，內心愧疚或是想要說謊的人，說話速度往往會快得嚇人，尤其是在想取得對方諒解時，不僅講話速度加快，還會找些話題以拉近彼此的關係。

職場社交對話也遵循這個規律，平時默不作聲的人，如果突然話多得令人覺得很不自然，那麼背後一定有什麼不為人知的祕密。

有位編輯，平時話不多，總是輕聲細語的。有一天，她卻滔滔不絕的跟一位作者在電話中聊了許久，這讓作者感到有點異於平常。

等這位編輯說話告一段落，作者試著問她：「嘿！妳今天好像有點奇怪，和平常不一樣啊！」

這位編輯笑了一下，低聲回覆道：「其實是我升職了，到了出版社的管理部門。」

雖說作者從電話中看不到她的表情，但是仍然可以想像得到她當時一臉欣喜的樣子，而這位編輯自然也給作者留下了非常深刻的印象。

總而言之，**講話速度可以微妙的反映出一個人說話時的心理狀況**。如果留意他人講話速度的變化，你就能發現對方的內心變化。如果你對別人的講話速度缺乏了解，就無法確定說話者的態度、感情和意圖。

5 說話聲音突然變小，重點就來了

大聲說話的人，大都性格明朗、爽快；小聲說話的人往往缺乏自信、氣度；喜歡高聲尖著嗓門的人，最大的特點就是愛炫耀。

聲音與說話者當時的心理活動密不可分，聲音高低、輕重、緩急、長短，無論哪一方面的變化，都反映出說話者內心世界的變化。

下面就談一下一個人說話時，其聲音的高低與這個人心理與性格之間，究竟有什麼神祕的關係。

大聲說話的人，大都性格明朗、爽快，待人真誠，但正是由於說話直來直往，常常得罪人卻不自知。另外，這類人品行端正，做事光明磊落，組織能力強，有責任心，所以常常被主管委以重任，同時也是值得信賴的合作夥伴。

小聲說話的人往往缺乏自信、氣度，有時也會為了一些微不足道的事與他人爭吵，甚至與對方絕交。在待人方面，這類人很少會流露出真心，也正是如此，所以很難交到真心的朋友。

說話聲音突然變得很小的人，性格很容易受心情的影響，遇到不可行的事情，心理承受能力會變得很差，這其實也是一種缺乏自信的表現。在談到某件事，覺得自己沒有能力辦到時，說話聲音也會突然變得很小，以此來掩飾自己。

說話聲音突然變得很大的人，這類人在生活中總是表現得很有耐心，善於思考，無論對方說些什麼，都會認真仔細的傾聽，特別是在聽到自己不明白的某些問題時，還會隨時提出疑問。但是這類人也有非常固執的一面，一旦他提出一個想法，而對方沒有按照他的想法去做的話，很可能會發生一場爭論。

說話時，喜歡高聲尖著嗓門的人，最大的特點就是愛炫耀，希望別人時常多關注他。對自己的一切都十分在意，虛榮心強，其實他們只是希望給別人留下一個好印象。但是由於缺乏真誠，所以常常會一無所獲。

總之，**聲音是了解一個人性格的重要憑據**，所以親友的聲音，或是研究自己的發聲習慣，都能印證「聲如其人」的道理。

6 誇張的點頭，其實是沒耐性聽下去

交叉的雙臂、誇張的點頭、不停的轉動眼珠、輕輕的握手……肢體動作常常會在不經意間「出賣」一個人。

生活中，人們似乎總是特別在意他人的肢體語言，一個微笑、一次奇怪的眨眼、一次握手、一次尷尬的互動，甚至是藐視的一瞥，都能讓人們討論半天。

事實上，當你的面部表情、身體動作、姿勢，以及你的服飾、裝扮等訊號集中在一起時，就會向別人傳遞出關於你的一切資訊。更微妙的是，人們似乎非常善於透過觀察他人的肢體語言，預測某些結果——哪個人會升職加薪，哪個人會被請去吃飯。

某位女性剛到職不久，工作上就遇到了麻煩，為此，她心情變得極糟，

工作效率也直線下降。當天晚上，她撥了一通電話給一位學姐，一番訴說後，她楚楚可憐的問學姐：「為什麼那個同事以為我討厭她呢？我沒有說過任何關於她的壞話啊！」

學姐對她的個性還算了解，最後只回覆了一句：「答案也許就在妳的肢體語言裡！」

原來，她有個習慣性的動作，就是皺眉，遇到事情容易想不開，較悲觀。雖然對她來說，這是一個下意識的動作，但是在別人眼裡，皺眉和所有不開心的表情一樣，會傳遞出心煩意亂的資訊，進而把周圍的人拒之門外。久而久之，這個會給妳帶來壞運氣的習慣，難免給周圍人留下了不好的印象。

肢體語言的影響確實很大，很多時候，就是因為我們**太熟悉肢體語言了**，**以至於常常忘記它的存在**。此時，不妨停下手頭上的事情，認真的做自我審查，看看現在的你是不是正弓著背、蜷縮著身子，或是雖然坐在椅子上，但是整個人看上去萎靡不振……。

事實上，每個人都會表現出不同的體態、站姿、坐姿等，而這些姿態往往會傳遞出一部分資訊，這些資訊不一定都是積極的。

▼ 誇張的手勢。有時候，一些小幅度的手勢可以展現一個人的領導力和自信，但是如果手勢很誇張，則暗示對方你在誇大事實。

▼ 談話時不停的看錶。當對方有這種行為，暗示正處於焦慮中，或是對方有更重要的事情要做，急於離開。

▼ 身體遠離交談者。談話時，當一方對談話內容不感興趣，或者不信任對方所說的話時，往往會做出這個動作。

▼ 交叉的雙臂。這個動作是在暗示對方，對這次談話還沒有放開，即便你們的交談看上去輕鬆愉快，對方仍然會有被排斥的感覺。

▼ 誇張的點頭。這動作並不只是為了掩飾真實想法，還有可能透露出焦慮。

▼ 坐立不安或撥弄頭髮。如果不停的做這個動作，除了說明你精神焦慮、自負、注意力不集中，還會給別人留下過於注重自身外表的印象。

▼避開眼神接觸。在談話過程中，如果你有這個動作，會讓對方認為你隱藏了某些事情，也表示你對溝通不感興趣，缺乏自信。最終，不僅讓對方有疏離感，還會影響到雙方的溝通效果。

▼不停的轉動眼珠。對有些人來說，這是一個習慣，但是如果能稍微控制一下，就能取得良好的社交效果。否則，會讓人誤解對對方缺乏尊重。

▼輕輕的握手。握手的力度要根據對象和情況來調整。握手的力度過輕，往往表示缺少權威和自信。

▼和別人的距離靠得太近。與人溝通時，如果彼此之間的距離小於五十公分，不免會讓對方覺得不舒服，因為個人空間受到了侵犯。

高明的騙子可以說出具有迷惑性的言語，但是肢體動作常常會在不經意間「出賣」一個人。很多時候只需要多留意一下自己的肢體語言，並做小小的調整，就會讓一個人變得很不一樣。

7 從他的話題，聽出他的為人

與人談話時，我們常會在不經意間透露自己的資訊。那麼，交談對象喜歡談論的話題中，又隱藏了什麼呢？

日常交流中，任何一件事物都可以成為我們談論的話題。在與人談話的過程中，如果你細心留意對方談論的內容是什麼，就一定會獲得一些有益的資訊。雖然，談話者不是直接的透露自己的資訊，但隨著談話的進行，談話者會在不知不覺中暴露出內心的祕密。

1 喜歡聊自己

無論說話者聊的是自己的經歷，還是家裡發生的瑣事，這意味著他是一個外向的人，喜歡並敢於表現自己，尤其是在公共場合。這樣的人也多少有點虛榮心。另外，善於向眾人表明自己想法的人，大都較有影響力，並有領導他人的勇氣和魄力。

2 老愛探他人隱私

一個總是喜歡聊他人事情的人具有強烈的支配欲，但又缺乏領導能力，透過談論他人的私事，尤其是隱私、醜事來獲取心理上的優越感。這種人的內心往往很空虛，生活上也沒有知心朋友。

3 談論國家大事

一個經常談論國家大事的人，視野無疑是非常開闊的。這樣的人具有長遠的眼光和宏偉的規畫，而不是局限在一個小圈子裡。

4 說生活瑣事

這種人很會享受生活的舒適和安逸，平易近人，與世無爭，他們認為家庭永遠是第一位的，因此他們的家庭關係以及家庭生活，往往處理得比較好。

5 談論金錢

這種人唯一的夢想就是金錢，沒有什麼追求，只知道賺錢。他們常認為金錢就是一切。其實，這種人的內心非常缺乏安全感，生活也極為乏味，即使累積了很多財富，還是不能滿足，生活也不會幸福、快樂。

6 描述自然風景

這種人非常注重自己的身體健康，生活也很有規律。在為人處世方面，謹小慎微，講求原則。

7 喜歡談學問

這種人屬於典型的眼高手低，甚至有些自以為是。雖然也很有上進心，但往往不能正確的認識自己。由於眼高手低而失去很多成就大事的機會，最終只能孤芳自賞。

8 暢談將來

經常憧憬未來生活的人，熱愛生活，愛幻想。若是能將幻想付諸行動，往往也會取得一番成就。相反的，如果只是停留在口頭說說而已，最終會一事無成。

9 隨便向人傾訴衷腸

這種人即便和對方相識不久，也會一股腦的向對方傾訴心事，並且一副誠懇的模樣。表面上看，這種人似乎很令人感動。然而，對其他人，他們也會做出同樣的表現，說出同樣的話。很顯然，這樣的人完全沒有誠意，絕不是一個可以深交的人。與這種人交談時，千萬不要附和他所說的話，最好不發表任何意見，只需要敷衍幾句就夠了。

10 提出試探性話題

談話時，如果一方提出一個十分敏感的問題，讓對方覺得很孤立，這是想迫使對方做出果斷的選擇。一般情況下，男女戀愛時經常會用這種方式來考驗對方，試探對方說的到底是不是真心話。

11 突然插入不相干話題

當你正興致勃勃的談論著一個話題時，對方突然插入一個毫不相干的話題，這是因為他對你的話題根本不感興趣。這種人有著極強的支配欲和自我表現欲，性格大都蠻橫霸道。談起話來經常喋喋不休，不喜歡別人插話。

總之，言為心聲，**從對方對某一話題的關注程度，我們往往可以判斷出他是個怎樣的人，對什麼感興趣**。在談話中掌握了這些話題背後的深意，無疑會增加談話資訊，並提高談話品質。

第三章

好的開場，是成功的一半以上

1 把握遇到的三十秒，勝過聊三十分鐘

在最初的三十秒內可以聊很多事，甚至還能談到一些很具體的內容。一句好的開場白，能讓你給他人留下難忘的第一印象。

隨著生活節奏的加快，我們很難找到那種悠閒的和朋友，或是家人坐在咖啡廳、公園或酒吧，享受閒聊的從容時光。

取而代之的閒聊形式往往是匆匆遇見時，簡單俐落的聊個二、三十秒，然後又快速說「再見」。如果能靈活運用好這二、三十秒，將會讓你和某人的初次見面變得非常美好，也會讓你們之間發展出長久的友誼和有價值的合作關係。

也許很多人會說：「什麼？只有三十秒？」、「我和陌生人接近時，總是感到有點緊張啊。」你要明白，和陌生人最開始接觸時，每個人都會有些害羞，畢竟你不清楚對方是怎樣的人，這個很正常。

而最初的三十秒，可以聊很多事，甚至還能談到一些很具體的內容。比如，打招呼時，只要說句「你好」、「好久不見」，只需五秒鐘的一句開場白，就能幫你給他人留下難忘的第一印象。

剩下的二十五秒，要說什麼、怎麼說，更要把握到位，這才是最重要的。例如，接下來的對話可以這樣繼續下去：

「嗨，好久不見！」

「對了，你知道嗎，上週末我去看那場話劇了，真的太棒啦！」

「咦？那場話劇還在售票嗎？」

「聽說要賣到耶誕節那天。據說票房不錯，應該是加演吧。」

「這麼說，我都想去看了！好，先這樣，回頭再聊，拜拜。」

對話到此結束，就時間來說，也只是三十秒左右。這種短暫交會時，三十秒的閒聊，恰好符合現代社會的閒聊風格。

為了幫你抓住這關鍵的三十秒，開始一場對話，下面是幾句最有用的開場白。你可以用於不同場合，讓對話順利開始並愉快的進行下去。

1「嗨，今天過得怎麼樣？」

我們總是忽略一些簡單的東西，其實它們可以在生活中發揮最大的效果。一句真誠的問候，再加上一個溫暖的微笑，可以說是最基本、最有用的開場白。也許就這麼一句簡單的問候，雙方很快就會談論他們的工作或家庭，甚至是喜歡的節目。

2「你的項鍊真漂亮！」

無論你和誰聊天，只要真誠的讚美對方的穿著、配飾，一場對話就會順其自然的展開，對方通常也會很樂意接受，或許還會對你說一些讚美的話作為回報。

若是想要對話繼續下去，還可以問：「你的項鍊在哪買的？我非常喜歡。」

3

「這裡總是要排這麼長的隊嗎？」

對你和對方共同身處的某個不愉快的場景表示抱怨，或是對共同經歷過的某種令人不舒服的情況，進行簡單的評價，能巧妙的拉近你和對方的距離，這是一種有用的開場白策略。

4

「真好聽的名字，有什麼來歷嗎？」

在工作、商務會議之類的場合，人們往往戴著姓名牌。如果對方的名字很有意思，不妨主動對她說：「艾蜜莉，好可愛的名字，它的來歷是什麼呢？」對方也許會很激動的告訴你名字背後的故事。於是，一場對話就這麼展開了。

5

「你有沒有聽說……」

如果你的故事足夠有趣、有料、有笑點，那麼不妨以此為開場白，相信你再也不會擔心對話如何繼續，或是繼續多久，只要你的聽眾被你的故事吸引就行。

6「你吃的是什麼？」

如果你想要聊天的那個人，正在吃一個看上去非常美味的漢堡，或是喝一杯不錯的飲料，不妨直接問對方，吃的是什麼，或是喝什麼。這準沒錯，畢竟人們對吃吃喝喝的話題總是非常感興趣的。

如果對方回答你了，談話可以這樣繼續下去：「我也喜歡這種漢堡。」、「我也要來一杯這樣的飲料。」這時你也可以趁機自我介紹一下，當然，別忘了展現自己迷人的微笑。

像這些用文字寫下來的開場白雖然很簡單，但實際照著做難免覺得困難，因為你必須馬上選擇有一定內容的話題。為此，你可以**在平時就儲存一些對誰都可以使用的話題**（最好能在三十秒左右結束），這樣就可以在突發的相遇中派上用場。準備的話題越多，閒聊就能進行得越順利，你就能很快的展開交際。

2 寒暄可以破冷場，但深入了就白目

一般來講，天氣、無傷大雅的笑話、醫療保健、熱門新聞等，是最常用的寒暄話題。

寒暄，是雙方初見面時相互問候、致意的應酬語或客套話。**適當的運用寒暄不僅能營造良好的溝通氛圍，還能在不經意間化解人際尷尬，打破交往僵局。**可是，寒暄並不是隨意說上兩句話這麼簡單，若是寒暄不當，也會導致冷場。

三年前，韓女士登記設立了一家美容院，後來因為一些事情，不得不將它轉讓給一個朋友。為此，她需要到國稅局辦理一下變更手續。

一天上午，韓女士來到國稅局的辦事大廳，坐在等候區等待。

沒多久，鄰座的一位女士跟韓女士攀談起來，問她：「您也是來辦事的嗎？辦理什麼業務？」

韓女士如實告知。

誰知這位女士聽後卻說：「變更啊！據我所知，來這裡辦這項業務的人可不多，多數人不是來申請稅務登記，就是來買發票的。這裡就跟結婚登記處一樣，辦結婚的人多，辦離婚的人少……。」

這位女士本是一句無心的話，卻讓韓女士覺得很尷尬。

其實，韓女士之所以要轉讓美容院，就是因為她上個月剛辦了離婚手續，這家店是她和前夫兩個人共同經營。

沒想到一句寒暄話，竟然讓韓女士臉上露出一臉不悅。這位女士大概也意識到自己說錯話，但又覺得很難為情，不知該怎麼開口道歉。

韓女士看出她是無心的，只好假裝翻看資料，不再看對方。後來，這位女士也以有事為由，離開了座位。

寒暄時選擇合適的方式、合適的話語是非常有必要的，而選擇什麼樣的話題更要給予足夠的重視。一般來講，天氣、無傷大雅的笑話、醫療保健、熱門新聞等，是最常用的寒暄話題。

寒暄的內容一定要合適。比如，在醫院走廊裡，一位正要出院的患者和護士剛好碰面。臨走時免不了要寒暄幾句，但是如果護士說「有空過來呀」，無論是誰聽了都會不高興。如果護士說：「您要多保重身體，以後加強鍛鍊，肯定會越來越健康的。再也不希望在這裡見到您了。」病人聽了肯定會十分高興。

另外，寒暄也要選對時機。不是任何時候都適合寒暄，至少要看對方是否有空閒時間，不要讓自己的寒暄打擾到對方。比如，在電梯裡遇到同事，按道理說應該寒暄，可是如果此時對方正低頭看手機，你大可不必打擾他，有目光的交會、微笑示意就可以了。

當然，寒暄也不見得必須長篇大論，簡單的致意和三言兩語往往就能起到很好的效果。在寒暄的過程中，還要注意觀察對方的表情，看對方是否感興趣。如果對方很明顯不認可你的寒暄，或是另有要事，那麼就要及時停止。

3 握手的力道？重點是眼神

握手是日常生活中最常見、最廣泛的交往禮儀。恰到好處的握手能顯示自己的風範，也能增進別人對你的信賴感。

一個人魅力的展現除了外表的光鮮，更需要內在的涵養，還必須通曉一些禮儀之道。握手，就是其中之一。每個人多少都會有客戶會面、會議洽談、參加宴會等活動。在這些社交活動中，**恰到好處的握手能顯示自己的風範**。

西方人見面打招呼的方式大都是互相擁抱，而在傳統的東方文化中，見面打招呼大都是握手。握手是日常生活中最常見、最廣泛的交往禮儀。無論是與人見面時的握手，還是分別時的握手，兩隻手一經接觸，所有的情感便滲透其中。

一家知名的外資企業，計畫招募一位高級人力資源工程師，公司人力資源部經過再三努力，最終篩選出兩名候選人。

可是，由於這兩名候選人的條件不相上下，人力資源部經理一時難以定奪，就向老闆做了彙報。老闆當場即說：「週一上班時，請他們兩位來，我親自面試。」

週一，人力資源部經理將候選人的資料呈送給老闆。老闆沒看資料就直接要請候選人進來。人力資源部經理有點不解，提醒老闆：「您是否先看一下資料……」老闆卻果斷的說：「不用了，你去請吧！」

兩位候選人先後進來，在與老闆握手後，各自簡單的聊了幾句。令所有人不解的是，此時老闆竟然表態決定錄用第一位候選人。

事後，當人力資源部經理問起老闆其中緣由時，老闆一臉嚴肅的說：「我是透過握手的感覺做出選擇的。當我和第一位候選人握手時，明顯感到她的手是溫暖的，握手時用力適當，再加上她談吐自然，第一眼就給人一種自信、親和的感覺；而第二位候選人和我握手時，可以明顯感覺到他的手是冰涼的，而且握手時力度很輕，還微微顫抖了幾下，這樣的應徵者猶豫、膽怯有餘而開朗不足，難免會讓人懷疑他的辦事能力。」

人與人相見時，最普通的禮儀就是握手。別看握手這簡單的動作，其中大有學問。透過握手，尤其是第一次握手，往往可以給對方留下難忘的第一印象。

那麼，究竟什麼樣的握手禮儀能給別人留下深刻的印象呢？也許很多人會說幾乎沒有人需要學習如何握手。不過，為了讓大家對這個談話前的動作有十足的把握，這裡仍然要提出幾項指導原則：

▼在靠近某人之前，先主動伸出你自己的手（如果你與對方的距離較遠，需要迎向對方，在距其約一步遠的位置主動伸出右手）。

▼大方的看著對方的眼睛，別因為害羞或是不好意思，而不願直視對方的雙眼。要知道，眼神交會往往可以表明你的注意力，是完全集中在對方身上的。

▼千萬不要吝嗇你的微笑，那一抹微笑，能在不經意間傳達出你的溫暖、率真，以及你對對方的興趣。如果確實很難做到，那就試著讓自己在心裡反覆重複：「啊，他看起來很棒！」

▼握手時，掌心對掌心，沉穩有力但不要過緊（英國人握手力道輕）。

▼當你握住對方的手時，不妨說一些問候的話，來加強對方對你的印象，例如：「真高興，終於見到你了！」也可以重複對方的名字，例如：「你好，史密斯先生。」這不僅僅是恭維，也能幫你記住對方的名字。

▼在有些場合，女士比男士先伸出手。這樣一來，男士就知道，女士是允許你去握她的手的。另外，當主人、長輩或上司主動伸出手時，客人、晚輩或下屬才能相迎握手。

▼還有一種常見的接待來訪者的情況：**當客人抵達時，如果你是主人，就要主動伸出手來與客人相握。如果你是客人，即將告辭時，應該先伸出手來與主人相握**。若是順序顛倒，難免讓人發生誤解，導致當場出醜而難堪。

▼如果現場人數較多，可以只跟相近的幾個人握手，向其他人微微點頭示意就行。當然，為了避免發生尷尬，在主動與別人握手之前，不妨想一想自己是否受對方歡迎。若是察覺到對方沒有和自己握手的意思，點頭致意就行。

▼此外，還要記住的是，在任何情況下，女性朋友拒絕對方主動要求握手的舉動，都是無禮的表現。如果情況實在特殊，應該主動向對方解釋清楚。例如，在商務環境中，如果你的身體因受桌子的阻礙而不方便起身，此時恰好有第三者到場，你應該立即稍稍起身，然後說：「請原諒我不能站起來，很高興見到你。」

4 別放任天生的聲音，聲調需要刻意練習

當人們看不到你時，你的音質、音調、語速的變化，以及表達能力，就已經在很大程度上，決定了你這個人的可信度。

很多人對自己的外貌、服飾都非常注重，也很有信心，但是她們常常會忽略對自己聲音的修煉。當電話鈴響時，對方拿起聽筒，說了一聲「喂」。也許不用再多說什麼，你就能從這一個字中得到許多資訊。冷冰冰的聲音，或是虛情假意、裝腔作勢的聲音，只會讓人聽了渾身不自在，拒人於千里之外，使那些本想與你聊天的人也三緘其口。

《紅樓夢》第三回〈林黛玉進賈府〉裡有這樣一個場景，當林黛玉第一次聽到王熙鳳說：「我來遲了，不曾迎接遠客」時，心裡頓時咯噔一下：「這來者係

誰，這樣放誕無禮？」於是，一個幹練潑辣、暗藏心機的女人形象，透過不見其人，先聞其聲被勾畫得淋漓盡致。

心理學家認為，**聲音決定了一個人三八%的第一印象**。當人們看不到你時，你的音質、音調、語速的變化，以及表達能力，就已經在很大程度上，決定了你這個人的可信度。聲音是一個人裸露的「靈魂」，它自然天成、魅力持久，然而，其中的美與不美，全看你如何把握和駕馭。

瑞絲小姐在一家外商公司從事產品銷售工作，平時與客戶聯絡大都是透過電話。許多人彼此之間不是很熟悉，結果有些工作夥伴就稱呼她為「女士」，可是後來才得知，瑞絲小姐還沒結婚呢。瑞絲小姐一度為這件事耿耿於懷。

艾麗也曾遇過同樣的問題，只是情形和瑞絲小姐剛好相反。她工作好幾年了，有時還被認為是女高中生。

其實，問題都出在她們的聲音上面。瑞絲的聲音較粗一點，又顯得不夠活潑，所以被別人誤認為是年齡較大的女性。而艾麗聲音較細、較輕，總是給人不夠成熟的印象。

儘管聲音是由體內器官發出，卻反映著人體的很多狀態，比如情緒、年齡、喜好等。遺憾的是，很多人懂得打扮，懂得學習禮儀，卻不懂得善用聲音。

也許很多人會說，人的聲音有一部分是天生的，於是將自己的聲音完全歸咎於先天的遺傳，一副順其自然的態度。事實上，你說話時的語速、音調、節奏等，都是可以改進的。只要你意識到自己的聲音存在問題，就可以透過自我訓練來改變。

英國前首相柴契爾夫人在其自傳中，曾透露自己天生一副細高的嗓子，不僅她自己，就連她的競選團隊都認為，這樣的聲音缺乏自信和果敢，也缺乏安穩與含蓄的魅力。總之，那不是一位有教養女士理想的聲音，更不是一國首相該有的聲音。

於是，早在競選之前，她就請來專業人士輔導，學習如何才能發出理想的聲音。即便是在競選過程中，她都不曾間斷對自己聲音的訓練。無時無刻，只要開口說話，她都會按照專業人士的建議練習。

最終，柴契爾夫人的聲音沉穩和緩、含蓄委婉，同時口齒清晰，再配合有節制的面部表情，完全是理性、尊嚴、雍容的一國首相的形象。

我們不知道柴契爾夫人從開始決定參與競選，到競選結束宣告勝利，究竟花費多長時間訓練自己的聲音。但是，她用這個事實告訴我們，**聲音是可以改變的**，任何人都可以做到。

對於你的聲音，如果你認為它需要改進的話，不妨試著從以下幾個方面著手：

▼和唱歌一樣，說話也具有某種內在的韻律。換句話說，你必須掌握自己說話的節奏，做到清晰、有節奏、有條理。這樣一來，你的聲音不僅能夠恰當的表達你的想法，還能讓聽者對你產生濃厚的興趣。

▼無論什麼時候，你都要盡力使你的聲音顯得親和、溫暖。即使在你拒絕別人時，也要讓你的聲音充滿溫暖的感覺，而不是成為刺傷他人的利劍。

▼保持柔和、自然的聲音。你應當充分了解自己聲音的特色，這樣你才能盡己所能的取長補短，讓原本的聲音散發出特有的魅力。若是嘗試用與你天生的音質完全不相符的講話方式，反而會讓別人產生不舒服的感受。

如果一個人的外表端莊，說話的聲音又很有磁性，就等於在交際上長了一雙翅膀。所以良好的聲音形象，是每一個人在日常生活交際中一張絕好的名片。

5 稱謂錯誤，開始就是結束

稱呼是溝通人際關係的訊號和橋梁，也是表情達意的重要手段。恰當的稱呼會讓對方產生同理心，讓雙方的交流更加順暢。

在日常生活中，稱呼是一種友好的問候，是人與人交往的開始。無論是結識新朋友，還是遇到老朋友，一見面肯定少不了稱呼對方。這既是對對方的尊重，也是一個人知書達禮的表現。一聲親切而得體的稱呼，不僅能表現一個人待人謙恭有禮的內涵，還易於雙方情感交融，為深層交往打下一個良好的基礎。

當然，如何稱呼別人，也是一件非常講究的事。稱呼用得好，可以使對方感到親切，並留下一個良好的印象。當然也能使自己在人際關係中如魚得水、事半功倍。但如果稱呼不得體，往往會引起對方的不快甚至惱怒，讓彼此都很尷尬。

一個年輕人在外地做生意，眼看天色已晚，就想找間客棧住下來。可是，他對那個地方一點也不熟悉，不知道自己離客棧還有多遠。

這時，一位老漢剛好從他身邊經過，年輕人大聲喊：「喂，老頭，這裡離客棧還有多遠？」

老漢只回一句：「五里。」

年輕人聽後，欣喜若狂，心急如焚的就往前趕路。

不知不覺，年輕人一口氣竟跑了十幾里路，可是眼前卻荒無人煙，連客棧的影子都沒看見。這時，年輕人突然想起老漢跟他說的那句話，心裡頓時覺得不對勁，猜想一定是他故意捉弄自己，便想著是否要回去跟他理論一番。

年輕人一邊想，嘴裡一邊嘀咕：「五里，什麼五里？」唸著唸著，他突然醒悟了。原來，他說的是「無禮」，而非「五里」。

想到這裡，年輕人趕緊掉頭往回趕，沒走多遠，竟與他相遇了。

看到老漢，年輕人連忙客氣的走到他跟前，親切的叫了一聲「老伯」。還沒等他開口說話，老漢便說道：「年輕人，客棧離這裡還很遠，如果你不嫌棄，就到我家暫住一宿吧！」

稱呼他人時，如果稱呼得不恰當，往往會鬧出笑話，造成誤會，使對方不高興甚至覺得反感。而**恰當的稱呼則會讓對方產生同理心，讓雙方的感情更加融洽，交流也會更加順暢**。

日常溝通中，我們在使用稱呼時要特別注意以下幾個方面：

- 在正式場合，當我們需要稱呼對方時，應注重其身分、職務和職稱。
- 對外活動中，要按照國際通行的慣例稱呼對方。對成年男子稱先生，對已婚女子稱夫人或太太，對年長但不明婚姻狀況的女人，或職業女性稱女士。
- 不要隨意給別人取綽號，也不要使用庸俗的稱呼，這些稱呼不僅難登大雅之堂，還會給對方留下沒有教養的印象。
- 稱呼時，避諱不吉利的，或者惡言惡語的詞語。

6 見了會尷尬，我拿他怎麼辦？

在職場，如果你持續一個月主動和別人打招呼，你的人氣很可能會迅速上升。

人際關係中，當我們和某些人相處時，免不了會覺得不自在，卻又常碰面，這讓許多人感到頭疼不已。比如，下樓丟垃圾時，有些人總害怕在固定的時間遇見某個鄰居；上下班路上，在車站等車時，經常與某人相遇，即便是短短的幾分鐘，都覺得渾身不自在；工作午休時，會刻意錯開與某位同事的出門時間等。

奇妙的是，這種令人不舒服的感受即便不說出來，也會傳染給對方。「難不成，那個人也很討厭我？不想接近我？」一旦你這麼想，對方也會有同樣的疑問。如此一來，雙方都會擔心：「糟糕，會不會又遇上他？」於是，很多人經常是遠遠的看到不想看見的人出現了，便趕緊借機避開，這樣的小動作多了，不但折騰人，也讓人覺得不自在。

那麼，又該如何化解這種尷尬呢？事實上，如果某人讓你覺得頭疼，不如試著主動接近對方，並與他交談。下面這個故事就證明了主動打招呼的效果。

有一位大叔，叫藤井，在國外生活時，曾向二房東租過公寓。二房東是個女孩，平時大都留宿在男友家，把房間租出去，就是想賺一些零用錢。和飯店相比，這位大叔更喜歡住公寓，在看過房子後，他非常滿意。於是，兩個人就簽了一份租房協議，當然，這只是一份大叔和女孩的私人協議。因此，這位大叔每次進出社區的大門時，在入口站崗的管理員總會惡狠狠的瞪他一眼，覺得他的形跡實在可疑。

其實，每當大叔進出社區的大門時，只要看到對方的那種眼神，心裡也會不自在。後來，大叔便主動向管理員解釋：「我是借住在朋友家。」但即便如此，管理員也不為所動。到最後，大叔進出公寓竟成了一種壓力，經常是躲著管理員，偷偷摸摸的出入。

後來，大叔越想越覺得不對勁，這雖然只是一件小事，但畢竟天天都要進出，雙方之間的誤解萬一惹出更大的糾紛那就麻煩了。既然沒辦法指望對方做出改變，那就由自己主動敞開心胸，親近對方吧。

在一個炎熱的日子，大叔去超市買飲料。回來的時候，他靈機一動，對公寓入口的管理員笑了笑，說：「你好，我看今天特別熱，就買了幾瓶飲料，來，你也喝一瓶降降溫吧！」管理員聽了，開心得不得了，頻頻道謝。自那以後，每天早上大叔和管理員都能從容的互道「早安」。

仔細想一想，不過是打個招呼，彼此的世界就有了很大的變化。有時候，問候就像魔杖，能使人際關係產生戲劇性的轉變。就算是合不來的對象，主動和對方打招呼，心情也會變得更加美好。

主動打招呼，傳遞的資訊是，**我眼裡有你**。誰不喜歡自己被別人尊重和注意？要知道，沒有人會拒絕想要親近自己的人。你眼裡有別人，別人心中才會有你。尤其是在職場，如果你持續一個月主動和別人打招呼，你的人氣很可能會迅速上升。接下來的每一天，都會因此變得很不一樣。

7 聊他的興趣，他會對你有興趣

如果你想讓別人喜歡你，或是讓他人對你產生興趣，就應該談論別人感興趣的話題。

有人曾在一群人中做過這樣一個實驗：請實驗者在一分鐘內，和自己鄰座的人保持熱烈的交談，話題自由選擇，只要讓談話熱烈就行。結果發現，如果聊天對象都是男性，或者都是女性，往往聊得比較起勁。或許是因為，同性之間更容易找到彼此都感興趣的話題。

然而，如果是一男一女的組合，因為很難找到共同話題，談話總是十分費力，甚至出現尷尬的冷場。例如，某男與某女搭檔，某男熱衷於體育運動，而某女卻完全不懂，當某男興奮的聊到剛剛結束的奧運會游泳比賽時，對游泳不怎麼感興趣的某女無論聽到什麼，都是一臉茫然的表情。

與之相對照的是，當某女對本年度夏季服裝流行趨勢說得頭頭是道時，無論是俏皮的、可愛的，還是成熟的、性感的，某男都聽得一頭霧水，很難搭上幾句話。不難想像，這樣的談話若想繼續下去，是何等不易。

看來，如果聊天不是以自己喜歡的事物為話題，幾乎很難繼續下去。

有這麼一個故事，說的是一個女孩救了一隻貓，然後這隻貓就把每天抓到的老鼠拖到門口送給女孩，結果這些死老鼠都被女孩嫌棄的扔掉了。

很多人對別人講的話，就像這些死老鼠一樣遭對方嫌棄。換句話說，如果一個人總是不停的講對方根本不感興趣的話題，從一開始就已經對對方的喜好判斷失誤，或者說，壓根兒就沒有進行篩選和判斷，那麼尷尬或者遭到對方嫌棄是必然的結局。

因此，我們要切記，**聊天需要以對方為主**。如果不是自己感興趣的事，就得從對方關心的事裡找出話題，否則聊天就很難成立。所謂知己知彼，百戰百勝。提前做好功課了解一個人的喜好，對成功的溝通起著極大的促進作用。

那麼，應該怎麼做呢？這也並非什麼難事。雖說談話的對象不同，聊到的話題也不可預知，但是如果你剛好與不熟悉的人，處在一個不熟悉的場合中，那麼就先當個聽眾吧。然後，試著從對方的話題中找出能夠加以發揮、擴散的點，再試著回應，這樣一來，想跟上所有話題也不是沒有可能。

一位曾在耶魯大學任教的教授，在他的散文集中寫道：「八歲那年，有次去姑媽家做客。中午，來了一位中年女性，她和姑媽打過招呼後，就把注意力轉向我。那時我對太空人很感興趣，而那位客人似乎也對這個話題感興趣，於是，當天我們倆像志同道合的朋友一樣，聊了很多關於星球的話題。

當這位女客人走後，我好奇的向姑媽詢問這位女客人是做什麼的，她為什麼對太空人也這麼感興趣。姑媽卻說那位女客人其實是位牙醫，她從未說過自己對太空的事情感興趣。我又追問：「但是她為什麼一直和我說太空人的事呢？」

姑媽說：「那是因為她是一位很有素養的女士啊，所以才和你談你感興趣的事物。這也是為什麼她如此受人尊敬的原因啊！」

的確，了解人們內心的最佳辦法，就是與其討論他知道得最多、最感興趣的事物。在談話中，如果你不知道對方的興趣，就不能使對方高興，也就不可能和對方有進一步接近的機會。

例如，如果一位喜歡籃球的男性對你說：「我從小學起就一直在打籃球，最喜歡ＮＢＡ裡的凱里·厄文（Kyrie Irving）。」

你不要只是一臉茫然的保持沉默，可以這樣回應：「哦，他的投籃是不是很棒？我最喜歡看ＮＢＡ灌籃大賽了，簡直太精彩啦！」

或是回：「是哦，這些籃球明星個個都天賦過人，他們似乎都很難對付！」

你的回應無論是什麼都可以，聽對方說話時突然想到什麼，直接回應就可以。如果你的回應使得對方想說點什麼，或是想跟你分享一下他的心情，那麼你們接下來的談話就能聊得更多、更廣。總而言之，如果你想讓別人喜歡你，或是讓他人對你產生興趣，就應該遵守這項規則：**談論別人感興趣的話題**。

8 恭維不是違心之論，你不必貶低自尊

適當的恭維是人際關係的潤滑劑。只要是人就都希望被愛、被接納、被關注，誰都不喜歡被否定。

仔細觀察那些特別善於跟陌生人打交道的人，我們往往會發現他們的處事方式很有意思：男人們總是從一場球賽、一部手機、一輛車開始拉近彼此之間的距離；女人們總是從時裝、化妝品、孩子的教育開始，逐漸成為好友。

很多時候，你無法從一些私人事情開始聯絡情感，但是每個人的身邊都會有一些公共的情感要素。善於發現這條說話規則的人，才是真正的說話高手。

有這樣一個有趣的現象：與一位陌生女性初次見面，在不知虛實的情況下，老公、孩子是不會輕易談論的話題，就算談論也不會太深入，但是衣服就不一樣了。如果你能恰到好處的稱讚她身上的服裝，如：「這套衣服真漂亮！」、「這

衣服很適合妳。」那麼對方多半會迅速的對你展露出真誠的笑容，接下來的談話也會融洽很多。

原因很簡單，女人的衣服就是她的第二張臉蛋，最能展現女人的修養和氣質。用衣服作為聊天的切入點，簡直就是百聊百順。閒聊無非是讓氣氛變得更輕鬆，拉近彼此之間的距離。如果要進一步接近對方，稱讚就是一條捷徑。只要你稱讚的內容不離譜、不誇張，對方就會欣然接受，甚至會想：嗯，眼前這個人應該覺得我不錯吧。

說到演藝圈，因為說話的場合多，所以口才好的人很多，秦先生就是這樣一個人。

他擔任某談話節目的主持人，其表現受到觀眾的一致好評，而且在私底下秦先生也很擅長閒聊。更進一步來說，他特別擅長稱讚別人。

在錄製節目前，他總是跟身邊的化妝師說：「妳今天穿的衣服真是好看啊！」、「這副新眼鏡真的很適合妳，簡直太帥了！」然後，化妝師就會一臉愉悅，進而放鬆的回應他：「是這樣嗎？我今天嘗試了一下比平常更明亮一點的顏色。」

也就十幾秒的互動，以對彼此的好感為根基的人際關係，就這樣毫不勉強的搭建起來。尤其是熟人見面的場合，第一句話就可以這麼說：「哎，妳說我這裙子，怎麼樣？」、「咦，今天怎麼穿這麼漂亮呢？」畢竟女性總是頗為在意她的「外在包裝」，希望自己的穿著能夠吸引別人的目光，贏得更多的讚美。

當你與女同事相處時，也不妨善意的表達一下對其服飾的關注和讚賞。接下來，想必一定會拋出很多相關話題，就算是不太熟絡的人也不愁沒有什麼可聊的。要知道，舉凡女性都很在意自己的服飾是否能得到別人的關注，關注度越高，越能顯示一個女人的吸引力。

那麼，如果對方穿得實在是很醜，我們也要昧著良心稱讚漂亮嗎？有句話是這樣說的：「舉凡女人穿戴出來的衣服、飾品，無不是她精挑細選出來的。」所以，對於女人的衣著品味，千萬不能隨便品頭論足一番，你的一個否定，很可能就是把人家之前所做的工作全盤否定了。

適當的恭維是人際關係的潤滑劑。只要是人就都希望被愛、被接納、被關注，誰都不喜歡被否定。如果你不能肯定一個人，至少不要否定他。你若否定他，在他的心裡，你就永遠不受歡迎。稱不稱讚和良心實在沒有多大關係，卻會嚴重影響到你的人際關係。

所以，讚美一個人時，除了可以讚美他的容貌、氣質、性格、才藝，還可以直截了當的從穿著這個話題入手，比如說：「你的這件新上衣很不錯，你穿正合身！」、「你的這個領帶很時尚，很配你的西裝。」以穿著為引子，可能就會打開一個人的話匣子，這就如同用一把鑰匙，瞬間打開一個人原本緊閉的心門。從這一刻起，他自然會把你視為知己。

所以，下次當你面對一個冷若冰霜的人，疑惑自己該怎麼接近他時，不妨跟他談談穿著吧。也許面對你的讚美，他臉上的表情暫時沒有太大的變化，但請相信，他的心可能漸漸的打開了。

第四章

話說三分，點到為止更有分量

1 話說得太絕對，問題就變成你的

話不說得太滿，既是給他人留餘地，也是給自己留空間。

俗話說：「逢人只說三分話，未可全拋一片心。」就是說，不要把話說得太滿，免得破壞了自己的形象，還影響了與其他人的關係。可是，總有一些人說話不考慮後果，喜歡把一些話說得很絕對。例如，「我以後絕對不會怎樣，就算怎樣也不怎樣」之類的話，似乎這樣能彰顯自己的個性。

娜娜就是這樣，當初快會考時，雖然知道憑自己的實力想考上明星高中，簡直就是天方夜譚，但她就是不願承認。當她拿著現在就讀學校的宣傳單時，一臉不屑的說：「我寧願不上學，去學點技術，也不去這個學校！」

可是，會考成績出來以後，當所有人都在考慮選哪所高中時，娜娜卻發現，自己不得不去本來一直瞧不上的學校。因為除了這所學校之外，她沒有其他選擇。

很多時候，我們會突然發現自己曾經那麼堅定的說過的話，最終還是被現實給改變了。當我們說出「我才不會……」或者「我永遠也不會……」這樣的話時，其實就已經把自己置於一個很危險的境地。畢竟凡事總有意外，無論是做承諾，還是其他表達，都不宜把話說得太滿。

話不說得太滿，也是給自己留有餘地，因為誰也不知道以後會發生什麼事情，事情如何發展是我們無法預知的。所以，**無論在什麼情況下，都不要輕易把話說滿**。

與人相處的時候，不要口出惡言，說出「勢不兩立」、「老死不相往來」之類的話。不管誰對誰錯，最好是閉口不言，這樣既保留了面子，又為彼此留下了空間，說不定日後還有合作的可能。

評價別人時，也不要太早的做出判斷，避免說出「這個人一輩子就那樣，沒有出息」之類的話。人這一輩子要走的路很長，誰都不能保證別人將來會是什麼樣子。話說好了萬事好，話說壞了毀前程。

因此，說話前一定要考慮清楚，想好了再說，否則，只會讓別人誤以為你是個有口無腦、沒心沒肺的人。如果對方不是那種可以盡言的人，你就只說三分話。另外**在沒有搞清對方的立場前**，**最好不要高談闊論**，因為這很容易惹禍招災，特別是當你說的事涉及對方，而你又不是對方的諍友時。

總歸一句話，說話前務必要看清楚對方是什麼樣的人，哪些話該說、哪些話不該說，都要事先斟酌清楚。

2 批評之前，先給他高帽子戴

談話時，先給對方一個良好的「形象定位」，並予以鼓勵，他會為此努力奮鬥，並且改變目前的做法。

人際關係中，有些人認為有話要直說，直接表明自己的想法、亮出自己的底牌，不囉唆，溝通效果才會立竿見影。其實，直言直語就是一把傷人傷己的雙面利刃。

在每個人的心裡都有一個堡壘，真實的自我就藏在裡面。你的直言直語往往會把別人的堡壘給攻破，把對方從裡面揪出來。在人際關係中，人們總有一些不便說、不忍說，或者是由於語言環境的限制而不能直說的話。因此，說話時要盡量委婉含蓄一點，能不說就不要說，要說就拐個彎，點到為止。

某女經常跟同事吐苦水，說老公從不做家務、不顧孩子，甚至還埋怨老公工作上不思進取，經常惹她生氣。如果同事一時氣盛，跟著她痛快的罵了那個男人一頓，那麼，訴苦的人很可能非但不領情，還會記恨同事一陣子。

這又是為什麼呢？因為某女說的只是氣話，在她的心裡，那個男人還是自己的丈夫，誰聽見別人罵自己的家人心裡能好過？

如果同事真心替她想，就應該勸她維持好一個和諧的家庭，而不是彼此埋怨對方，讓夫妻關係變得更糟糕。

著名的成功學導師戴爾・卡內基（Dale Carnegie）曾指出：「**間接指出別人的錯誤，要比直接說出口來得溫和，且不會引起別人的強烈反感。**」委婉含蓄的語言既是勸說他人的法寶，又能照顧到人們的自尊感，容易產生情感上的共鳴。換言之，委婉含蓄的語言就是一個人成熟、穩重的表現。

相較於直接明白的表述，委婉含蓄的暗示往往更有迂迴餘地，更加耐人尋味。說話委婉含蓄的人，善於用曲折婉轉的暗示，讓聽者明白自己的本意。

生活中，很多人都有過這樣一種體會：**當你有求於他人時，如果一見面便提**

出比較高的要求，往往極易遭到拒絕；倘若你先提出比較低的要求，等他人同意之後再伺機提高要求，一般會更容易達到目標，這就是委婉含蓄的溝通效果。

再比如，如果有人辦起事情來猶豫不決，那麼你不妨委婉的對他說：「你這樣瞻前顧後的，跟你平時不一樣呀！」或者說：「你是個很有決斷力的人。」談話時，先給對方戴上他應該具備的優點的高帽子，並予以鼓勵。由於已經給對方一個良好的「形象定位」，所以他會為此努力奮鬥，並且改變目前的做法。相反的，若是跟對方直言「你這個人真笨，什麼事情都辦不好」，那無異於一錘子把對方給打死了，對方也就喪失了勇氣和信心。

雖然直言不諱、開門見山的談話簡單明瞭，但是很容易傷害對方的自尊心，而說話委婉含蓄之人，不僅可以把自己的意思很好的表達出來，讓對方清楚的理解，還能使對方愉快的接受。

因此，在人際關係中，要想取得良好的溝通效果，不妨委婉含蓄的表達。同樣一句話，直白的說和委婉的說，結果會大不同。相較於口無遮攔、直截了當，委婉含蓄更能展現一個人的語言修養。

3 有力的說服不能太用力

說服別人、贏得別人認同的能力，並不是神祕的天賦，只要觀點正確，透過學習一些技巧，增強自己話語的說服力並不是什麼難事。

很多時候，我們常會有這樣的疑問：為什麼別人用寥寥數語就能使人信服，而自己卻沒辦法做到？現實生活中，**急於把自己腦子裡的東西灌輸給對方，是很多人習慣採用的方式，結果一方口若懸河，另一方卻不為所動。事實上，這些溝通中有九五%以上都是無效的**。

說服別人的過程是一種微妙的心理互動，靈活運用其中的技巧，不僅可以讓你的說服有聲有色，還能讓聽者在良好的情緒下，愉快的接受你的觀點。下面就是勸說他人的幾個小技巧，對你的事業、生活可能會有所幫助：

▼要想說服對方，給他留下一個好印象是前提。根據美國心理協會的說法，當我們對某個人的印象較好時，會更傾向於採納他的建議。同樣的道理，我們給別人留下一個好印象，也更容易說服他人。為此，你可以學習培養一些招人喜歡的小習慣。

▼真誠。在善意說服別人時，不妨用這樣的話開頭，效果可能會更好，比如：「我曾經也犯過這樣的錯誤。」、「可能你也不明白什麼地方出了錯。」其實，真誠往往最能打動人心。

▼謙遜。沒有人喜歡四處炫耀的人，但是虛偽的謙虛更討人厭。對於自己的成就感到驕傲是好的，但是應該把那些炫耀念頭打消掉。

▼學會用肢體語言表達自己。試想一下，如果商場銷售員表現得悠閒懶散，或是害怕與陌生人有眼神接觸的話，你會選擇買他銷售的東西嗎？當然不會！同樣的，如果你想要變得更有說服力，就要利用肢體語言來配合並表達自己。

▼專業。知識是有說服力的。無論你是推銷還是演講，一定要確保你知道自己談論的一切。搜尋到的資訊，要比你用到的多，這一點很重要。

▼ 責任感。無論你多有說服力，也一定會有異議出現。如果你有責任感，並且尊重別人的反對意見的話，那樣會顯得你更真誠。

▼ 聆聽並理解別人。每個人都需要被人理解。用心聆聽和理解別人所關心的問題是非常重要的。為此，請你不要忽略任何事——即便你認為這很愚蠢。請記住，那才是別人真正關心的事。

▼ 不要提出過分的要求。為了說服別人，你不能表現得太強勢。強勢的態度很可能會被視為命令，雙方的情緒會很難達成平衡。

4 提出異議但不惹毛對方的方式

每一個想要表達不同意見的人，都希望能得到肯定，但是如果你不懂得溝通的技巧，往往不會得到你預期的結果。

生活中，人與人相處時，不可避免的會出現一些不同的意見和觀點，這是很正常的事情。但是，如果我們表達觀點時的方法不當，往往會令說話雙方陷入尷尬的場面。

微軟的創辦人比爾．蓋茲（William Henry Gates III）有一次在會議上大發雷霆，與會的高層主管看到老闆發脾氣，都不敢說話。

然而，一位華裔的女工程師卻站起來說：「我很清楚為什麼您會有這麼強烈的反應，在這件事情上，我以前也有過類似的感受。我現在發現，這件事情的經過是這樣的……。」

女工程師說完以後，比爾．蓋茲的態度緩和了下來，先是沉默了幾秒鐘，然後跟眾人說：「既然如此，我們就照著她的建議去做吧。」眾人看著這位華裔女工程師，眼中流露出佩服之意。

我們可以預見，這位女工程師在微軟的發展前景一定很不錯，因為在不同的意見之前，她能夠透過恰當合適的表達方式，**引導別人從說「NO」改為說「YES」**。

事實上，要提出不同的意見是大有講究的，這裡介紹幾種較為可行的方法：

1 和對方用商量的口吻說話

很多時候，在你堅持自己意見的同時，也要顧及別人的面子，這時就需要學會換位思考，用商量的語氣取代命令，或是過於絕對的語氣。對方聽了，就算不願意否定自己的看法，也會認真考慮你的想法。畢竟只有你尊重別人，別人才會尊重你。

2 用辯證的方式與對方進行交談

與對方說話時，先肯定對方的想法，再說出自己的想法，當然，也要表述清楚自己想法的依據或理由。這樣一來，即使對方想要否定你，也會比較容易接受，而不至於讓談話氣氛變得緊張，使對方難堪。

3 表現出為難的樣子，也是一種退讓

如果你與對方的意見分歧比較大，在你說出自己的想法之前，不妨表現得猶豫、遲疑，給對方一個心理準備，也許對方就會讓你說出自己的想法。有時，表現出勉為其難的樣子，也是一種退讓。

4 藉對方的觀點引出自己的觀點

從對方的觀點中推測出可能出現的狀況，從而引出自己的看法。當然，前提是要盡可能的找出對方觀點的不足，並且一定要實事求是，不能隨便捏造。

5 借助同類事情支撐自己的觀點

如果你覺得直接說出自己不同的觀點比較為難的話，可以借助一些發生過的類似事情，來說明自己的觀點，也就是用事實來說話。

5 被打槍的提議，就繞圈子說

說話若是能有意繞開中心話題，即「繞一個圈子」，往往能減少很多矛盾和衝突，達到理想的效果。

在日常溝通中，同樣一句話，有人說得讓人心服口服，有人卻說得讓人怒氣沖沖。雖然說話直言不諱的人，可以給人真誠、坦率的感覺，但是這種說話效果其實並不理想，輕者傷了人際關係的和諧，讓你的誠意大打折扣，重者導致資訊失真，甚至曲解原意，這實在有違交談的初衷。

若是能有意繞開中心話題，即「繞一個圈子」，往往能減少很多矛盾和衝突，達到理想的效果。

著名作家二月河的「落霞三部曲」紅了之後，他便宣布暫時歇筆，謝絕一切採訪。某報社的一位記者聯繫上二月河後，剛跟對方提出採訪的請求，就被二月河禮貌的拒絕了。

儘管記者吃了閉門羹，但是他沒有放棄。後來，這位記者了解到，二月河患有嚴重的糖尿病，在生活中，他對自己的女兒也是疼愛有加。

當記者弄清楚這些情況以後，再一次撥通了二月河的電話：「您好！我是〇〇報社的記者，很久以來一直想登門拜訪，又怕給您帶來不便，現在終於可以放心的給您打這個電話了。」

二月河聽了，困惑的問這位記者：「哦，那現在有什麼不同嗎？」

記者慢條斯理的說：「上個月，您的女兒告訴我，您現在身體恢復得不錯，很希望重新回到以前的創作狀態中，這讓我們這些讀者特別欣慰，也特別期待。最重要的是，您的女兒還特意叮囑我，這個時間點可以給您打電話，她說您剛運動回來，正在品茶小憩。聽得出來，您現在的心情一定很不錯。我想請您出來坐坐，向您討教幾招健身祕訣。您可否指點一下呢？」

這一次，二月河終於答應了這位記者的採訪。

相較於初次採訪時記者的直言遭拒，這一次，他無疑是做足了功課。待他了解對方的喜好之後，再和對方聊一聊他最為關注的話題，談話方式輕鬆愉快，自然也就沖淡了對方的防備心理。

說話也是一樣，在人際溝通的過程中，我們免不了會碰到各種「刺」，越是這種時候，越不能「直腸子」，而應該想辦法拐著彎、繞著圈的說，既讓人心知肚明又避免直言犯忌。法國作家勒農曾說：「你不要焦急！我們所走的路是一條盤旋曲折的山路，要拐許多彎，兜許多圈子。我們時常覺得好像背向著目標，其實，我們總是越來越接近目標。」

繞圈子其實就是一種迂迴的談話技巧，**當直言的「直搗黃龍」不能奏效時，不妨退一步，拐個彎，然後慢慢縮小這個圈子**。一旦對方的話匣子被打開了，何愁繞不到圈子的中心，達不到自己的目的呢？反之，若是一味的硬碰釘子的話，只會讓「刺」卡在自己的喉嚨裡，吃虧的終究是你自己。

當然，繞圈子並不是讓人放棄，也不是甘願後退，更不是圓滑世故，而是為了更快的接近目標，讓生活中的事情變得更加溫潤、自然。

6 吵贏了，卻疏遠了關係

學會沉默有時比學會說話更重要，尤其是在面對各種誤解時。即使你吵贏了，但輸了風度不說，也疏遠了關係。

對某些人來說，在某些狀況下，沉默是金，但是有些沉默反而會讓人陷入尷尬。例如，當臺上的人演講完，請臺下的聽眾提問時，臺下卻一片沉默。對演講者來說，最窘迫的事情莫過於該如何理解這種沉默。「是不是大家覺得演講無聊？」、「是不是大家完全不贊同我的觀點？」、「大家對我的演講十分滿意嗎？」在溝通這件事上，缺乏清楚的回饋，沉默就會顯得模棱兩可，演講人只能憑藉猜測揣摩聽眾的心思，而且猜錯的機率往往很大。

有時候，雖然閉上嘴巴不說話是一種明智的做法，但是有時也可能成為一種排擠的行為。你的沉默會在彼此之間築起一道牆，而這道牆就是溝通的障礙。

當然，在適當的時候沉默，也可以成為有效的溝通工具。

在某城市的通勤尖峰時刻，一對中年夫妻怎麼也繞不出地鐵，聽口音像外地人。排在中年夫妻後面的一位年輕人一看，原來他們買的是臨時卡，需要把卡插進出口的機器裡面才能出去。

善良的年輕人幫這對夫妻完成了這一系列操作，但是當兩個人發現車票卡沒有出來時，竟然和他吵了起來，因為這樣他們就不能換乘了。

事實上，這對夫妻想要換乘的話，必須先刷卡出站，再重新購票，但是由於他們不知道這個流程，所以顯得非常生氣。兩個人責怪起剛才幫助他們的這位年輕人，說他多管閒事，拉著他的胳膊不讓他走。

情急之下，那位年輕人直接從皮包裡，拿出四枚硬幣放在那個男人的手裡，然後叫來工作人員，簡單說明了情況，就頭也不回的走了。

假如遇到這種事情的人是你，也許會覺得自己很委屈，試圖證明自己是對的。但是，你可想過，就在你為自己大聲辯解、劍拔弩張的時候，大家反而會覺得你是在無理取鬧。更何況，每個人天生都有同情弱者的心理，所以說，故事中的年輕人對這件事情的處理方式才是更理智、更可取的。

在某些情況下，語言的確很無力，任何解釋都會顯得很多餘，而沉默才是最有力量的。這個社會，並不會因為你聲音大，就讓你更受重視，而是取決於你所處的位置和貢獻的價值。

Andy所在的公司最近出了一些事情，設計部的文案專員勝美離職了。其實，勝美在創意方面很有天賦，性格大剌剌，她的快樂總能感染身邊的每一個人。為此，Andy一直很欣賞她，也很喜歡她。

勝美在職時，與她直屬上司的關係處得不是很好。有時候，跟Andy吃一頓午飯，能抱怨一個小時。到後來，勝美對上司的不滿情緒已經嚴重影響到她的工作，為此，她曾經兩次找人事部希望能夠調換部門，Andy也不只一次的暗示情緒管理能力是她的弱點。

後來，勝美還是離職了。在她走後的一個月，因為有部分工作還需要親自回公司交接，勝美又來公司了。她一進門，就讓人感覺來者不善，說話更是極具攻擊性。

勝美走後，之前一起工作的同事就開始說：「大家雖然不能一起工作了，但私底下還可以當朋友呀，沒必要鬧得跟仇人似的。」

說實話，Andy也領教過勝美的直屬上司，她的做事風格確實過於認真，總是咄咄逼人。有一次，Andy和她一起彙報工作時，對方把某些本不屬於Andy的工作推給了他。當時Andy真的想反駁，但最後還是選擇了沉默。當他們兩個人意見不統一時，Andy絕不會讓勝美的上司。但是出了門，Andy依然會對她微笑。

勝美感歎的對Andy說：「這就是你比我聰明的地方。」

學會沉默有時比學會說話更重要，尤其是在面對各種誤解時。即使你吵贏了，但輸了風度不說，也疏遠了關係。所以，適當的時候，學會閉嘴，少發表意見，可能會更好一些。畢竟每個人的成長環境不同，思維方式也不一樣，你是不能控制別人的想法的。與其這樣，不如學會沉默。當然，沉默並不是要你忍氣吞聲，而是回歸自己的內心，用更理智成熟的方式來解決難題。

7 讚美的話說太長就矯情了

人們都渴望得到別人的欣賞，同樣，每個人也應該學會欣賞別人。讓別人知道你對他們的欣賞，可以讓交談的氛圍及影響力成倍的增長。

無論是在商業場合還是在社交場合，講一些表示欣賞的話，總能引起別人的注意，並被對方記住。美國心理學之父威廉·詹姆士（William James）曾說：「人性中最深切的心理動機，是被人賞識的渴望。」**每個人都有雙重的需要：被人欣賞的需要，與懂得怎樣欣賞別人的需要。**不管是偉大還是平庸的人，都會被真誠的欣賞所感動。

表達欣賞，其實就是培養一個習慣，即留意他人值得欣賞之處。或許你和對方共事時，就已經知道對方一些值得讚賞的地方，比如，對方的專案寫得很詳細，或者對方的銷售業績越來越好，只是你從未想過要告訴他們。

人們都渴望得到別人的欣賞，同樣，每個人也應該學會欣賞別人。無論是在公司還是在家裡，讓別人知道你對他們的欣賞，可以讓交談的氛圍及影響力成倍的增長。更何況，讚美別人並不會花費太多時間，平均只要六秒鐘。所以，不要不好意思表達你的欣賞。

如果對方是你認識多年的朋友，你可以這樣表達你的欣賞：「前不久，我開車經過你家，發現你家的花園整理得真漂亮。」或者：「我真佩服你，每個月都能抽時間帶孩子出去旅遊一次。」如果你與對方不是很熟的話，就需要認真聽他們說話，然後從談話中尋找或製造機會，表示你對他們的欣賞。

一開始，也許你會覺得這種讚美很虛假，這很可能是因為你沒有讚美別人的習慣。不過，如果你經常讚美別人，而且你自己也認為，讚美別人已經成為你的一種習慣，很快，你就會自然而然的讚美對方。

那麼，又有哪些令人印象深刻的讚美值得一學呢？

▼ 如果你一直不停的讚美對方，很可能讓對方覺得既膩又矯情。所以，你的**讚賞一定要簡短**。

▼ 要取悅他人就在於真心歡喜。所以，當你認真聽對方說話時，一定要真心

誠意的挖掘出讓對方引以為豪的事，這種真誠的態度會透過你的言辭而發光、發亮，並且帶來巨大的效果。

▼要用肯定而非否定的語句，「我真不敢相信你做到了」的效果就不如「你做的事真令人印象深刻」。

▼任何時候，傳遞別人所說的讚美之詞，能夠令聽者的印象更為深刻。例如：「黛拉跟我說，她在你那裡買了一件毛呢大衣，她說她從沒見過那麼精緻的大衣。」

▼在工作場合，如果你希望人們能盡力為你做事，那麼當他們已經盡力做到最好時，千萬不要吝嗇你的讚美，說些「很不錯」、「做得很好」等鼓勵的話。

▼讚美別人時，盡量多使用「佩服」、「欣賞」、「令人難忘」、「好極了」、「出色」、「有影響力」、「滿意」這樣的褒獎詞。

▼如果你找不到對方值得讚美的事情時，不妨給他們的未來增添點信心和希望。例如：「我們正在期待，將來你可以幹得很出色。」或者：「我看得出來，你一定能成為我們需要的人。」

第五章

陌生變朋友的絕招

1 口才不是聊不停，而是聆聽時觀察

在這個世界上，從來不缺誇誇其談的人，缺的是好的傾聽者。

俗話說：「兩個耳朵勝過一張嘴。」能言善道固然重要，但想要有能言善辯的口才，就不能忽視耳朵的作用。每個人在聊天時都想聊關於自己的話題，這是人類的天性。但是一個優秀的朋友，即使聽到對方廢話連篇，仍然會專注的傾聽。

事實上，不是所有人都是那種特別會說話的人，也不是所有人都像演說家那樣，能夠輕鬆撩動他人的情緒。但是，有這樣一句話，我們需要時刻記住：「**在這個世界上，從來不缺誇誇其談的人，缺的是好的傾聽者**」。

我們有理由相信，當一群人急於聊自己的時候，那個認真傾聽、適時說話的人，一定是大家最想交的朋友，因為這個人令人感覺到被尊重、被關心，這樣的人是真誠的、可靠的。

語言是人與人最直接的交流方式，而傾聽則是接收、了解、理解外部資訊的全部過程，只有善於傾聽的人，才能完善自己的語言能力，練就出色的口才。一個會說話的人不但要有好的口才，而且**在對方談論的話題無聊至極的時候，仍能做到專注傾聽**，這樣的人才是最能讓別人感受到誠意和溫暖的人。

許多人總覺得自己很難融入環境，不知道該怎麼辦。其實，對於這些為說話而苦惱的人來說，他們普遍存在的一個問題就是，急於融入環境，卻根本沒有放鬆下來，做一個好的傾聽者。別忘了，**九〇%的資訊是靠耳朵獲取來的，溝通就是傾聽對方沒有說出來的話**，這樣對方才會感覺到，你是一個值得信賴並可以真誠交流的人。

不過傾聽也是有技巧的，下面就列舉幾個傾聽的技巧：

▼ 把注意力完全放在對方身上，明白對方說了什麼、沒說什麼，盡可能的消除外在與內在的干擾。

▼ 善於傾聽的人不會因為想補充一些細枝末節，或想修正對方說的話中一些無關緊要的部分，就隨便打斷對方說的話。

- 真正會傾聽的人，善於從對方的言語中察覺出某些資訊，包括對方的興趣、情緒以及日常習慣，透過這些關鍵字眼，可以發現對方喜歡的話題，進而聊到對方的心坎裡。
- 用自己的話，**簡要的重述對方**剛剛所講的話，當然，前提是訴說對方說話**的重點**，這樣勢必會讓對方覺得自己很重要，讓對話不至於中斷。
- 用心傾聽對方說話，可以幫你整理出其中的重點，刪除無關緊要的細節，把注意力集中在對方想說的重點和要表達的想法上，並在心中熟記這些重點和想法。
- 每個人都有自己對某件事情的看法、結論和感受，雖然你和對方的觀點可能不一致，但是你仍然要懂得尊重對方的觀點，這樣才能做到彼此接納，從而建立融洽的關係。

總之，事情成敗的決定性因素，並不在於你的口才是否優秀，而在於你能否巧妙、合理的與人溝通。在這些方法中，一個最核心的技巧便是主動傾聽、善於傾聽。唯有這樣，在對方眼中，你才是一個值得信賴並可以真誠交流的人。

2 學會「不知道」，即使你知道

每個人身上都有不一樣的故事，如果我們能夠把探尋每個人背後的那些精彩故事作為聊天的目標，那麼我們自然就會有聊不完的話題。

世界上沒有任何兩片雪花是一模一樣的，而且每片雪花，也就出現一次。仔細想想，人不也是一樣嗎？世界上不可能有兩個長得一模一樣的人，就算再相像的雙胞胎，也一定有不一樣的地方。如果我們與人相處時，能時時充滿好奇心，認為這個人是世上獨一無二、無可取代的，就算沒有說出口，這種意識也會自然而然流露在你的言行舉止中，讓對方感受得到。

有一次，Ashley和高中同學聊起了心理學，因為喜歡，並且學習好幾年，所以Ashley說起這個話題可以說是心情澎湃。

等到換她的同學介紹金融業務時，Ashley又立馬好奇的追問他各種知識。這時，一直在旁邊觀察的另一個同學突然笑了，說：「剛才妳還是一副自信博學的樣子，轉眼竟然像個無知的小孩。」

Ashley倒是很坦誠：「是啊，在金融方面，我真是一竅不通。因為不知道，所以才很好奇呀！」

那位同學看Ashley好奇的樣子，也熱情的跟她講了許多。那天的見面，雙方都覺得收穫很大，也都有一股從內心深處冒出來的滿足感。

還有一次，Ashley從國外旅遊回來，興致勃勃的跟一位好友聊起她的所見所聞：「妳知道那裡有多美嗎？」

這位好友因為幾個月前剛剛去過，忙不迭的點頭說：「知道！知道！」然後自顧自的說了一大堆。講完才看到Ashley的表情，從之前的興致勃勃變得快快不悅，後來才驚覺原來Ashley很想跟她分享旅途見聞，卻被她的一句「早已知道」潑了一大盆冷水。

對比這兩次交談，不難聯想我們平時和別人聊天時的狀況，那麼，為什麼我們承認自己不知道會很難呢？蔡康永曾寫道：「**每個人在聊天的時候都想聊自**

己，這是人類的天性。」看來，每個人拚命的表現「我能」、「我知道」、「我可以」，其實是為了凸顯自己。

不過為了使聊天更熱絡，不妨收斂一點，讓別人的天性多釋放一些，給人家機會聊聊自己。這就好比打開了溝通的閘門，越聊越有趣，對方也會感覺自己受重視，對你這個人的印象會更加深刻。

或許你會說，只表現自己的好奇，對別人的行為或是話語沒有一絲的評判，這又怎麼做得到呢？其實，**當你承認自己的無知，自然就會把注意力集中在我們渴望的知識或者答案上。**那時，你的眼睛會渴望的看著對方，身體會不由自主的傾向對方，就好像在他那裡我們可以得到寶藏一樣。

和一個人聊天，如果你總能對對方保持這樣一份好奇，你自然會變得妙語連珠，話題源源不斷。這樣不僅對方獲得了他想要知道的，你也在這種溝通中得到了被認同感，想要和這個人有更多的接觸。

專注的聽別人講話，對別人感興趣的話題表示好奇和關注，學會說「不知道」是很有必要的。知道就是知道，但並不過分強調；不知道就是不知道，也不過分掩飾。**當一個人承認自己的無知，才能獲得更多的智慧。**這樣的溝通才是品質最好的溝通。

3 以認同包裝否定

否定別人時，就算你是和顏悅色的，對對方來說也是「溫柔的一刀」。

在交流過程中，當輪到自己表達觀點時，不少人總喜歡先否定別人的觀點，然後再談自己的觀點。這種溝通在不知不覺中會使交流產生障礙，即便談話進行下去，也很難使交談氛圍融洽。

假設對方說：「昨天，我看了一部頗受爭議的電影，沒想到很有趣呢。」正好你也看過這部電影，但是你覺得實在沒什麼意思。

如果你只在意自己的喜好，你的回答很可能是：「噢，那部電影啊，簡直太無聊了，要我說，就是一部徹頭徹尾的爛片。」或者說：「是嗎？我沒辦法接受電影所表達的那種觀點。」

那麼，對話到此也就差不多該結束了。

其實，大可不必去攻擊別人的觀點，這樣只會讓別人感到不舒服。**在你否定別人時，就算你是和顏悅色的，對對方來說也是「溫柔的一刀」**。更何況，對方的觀點也未必就是錯誤的。正所謂「橫看成嶺側成峰，遠近高低各不同」，站的角度不同，對事物的見解自然也不盡相同。

溝通中難免會有對立的觀點，你要做的應該是，先從對方的觀點中找出你認同的地方並加以肯定，然後再委婉的提出你的看法。

還是以上面那件事為例，你可以這樣回：

「是啊，雖然劇情沒什麼起伏，但主角卻很有味道。」

「演技如何，我也不好說，但是我覺得畫面實在是太棒了！」

那麼，接下來的話題就可以這樣繼續展開了：

「是的，我也覺得那個主角確實演得很好。」

「太享受那種畫面帶來的視覺衝擊力了，大銀幕就是不一樣。」

閒聊時不要一開始就否定對方，即使對話題不感興趣甚至是討厭，也要把「肯定回應」、「表示同意」作為前提。事實上，聊一些對方喜歡的話題，對方自然會心情愉快的想再多聊些相關話題。最和諧的交流模式，莫過於在互相尊重的前提下，以穩妥的語言各抒己見，這樣才能達到交流的最高境界。

再比如，如果你是一位數位產品的推銷員，當客戶跟你說「我要再考慮」時，你會如何回答呢？

如果你回：「這麼好的產品還需要考慮嗎？別猶豫了，快點用吧！」很顯然，你這是在表達自己的否定意見，這樣的措辭難免會給人生硬的感覺，讓對方產生抵觸心理。也許你原本想營造一個良好的溝通氛圍，結果反而是在搞破壞。

如果你回：「沒錯，考慮的確很有必要，畢竟凡事三思而行。那麼，可不可以問一下，你還需要考慮哪些問題？」這種談話方式本身就是在認同對方，這無疑是增加閒聊話題、打造良好人際關係的一個重要技巧。

因此，下次閒聊時，當你發現彼此興趣不同、喜好不同時，就先把自己的好惡放一邊吧！其實，交流本來就是兩條語言的平行線，各抒己見就可以了。不過要時刻記得用柔和、恭敬的方式來待人，這樣人際關係才會變得優雅而美妙。

4 誰需要你有口才了？會問就行

不多談自己的事，而是以提問的方式引出對方的回答，如此一來，兩個人自然能聊得起勁。

看過美劇的人都知道，法庭上的脣槍舌劍是最精彩、最激烈的溝通。在脣槍舌劍中，最核心的就是提問。然而，現實生活中，**提問卻是所有溝通技能中最容易被忽視的**一項。

例如，當我們和別人聊到買車的話題時，如果對方說：「我家買了一輛新車！」你會怎麼回應？如果你說：「我家上個月也買車了。」那麼，兩個人很可能會陷入無話可說的尷尬局面。閒聊時，如果一方一味的站在自己的角度，談論自己的事，聊天自然難以為繼。

相反的，不多談自己的事，而是以提問的方式問一些「誰」、「什麼時候」、「在哪裡」、「為什麼」之類的問題，和你聊天的對象自然會非常興奮、激動。如此一來，兩個人便能聊得起勁。

繼續以買車這個話題為例，理想的回應應該是：「你家的車是什麼牌子的？」多提問題、會提問題，總能輕鬆引出對方的回答，談話氣氛才會更熱烈。很多時候，流暢的表達可能只考慮到自己，而巧妙的提問必然要考慮對方。畢竟只要提到自己喜歡的事物，人們大都會想多聊幾句，而你也不必因缺少有趣、合適的話題而悶悶不樂。但是，一定要注意避免查戶口式的盤問。

很多人認為，能言善道才是最重要的。事實上，溝通至少是兩個人的行為，而提問恰好契合了溝通的這個特質：一問一答，有來有往。**在溝通中，按重要性排序，應該如下：提問→傾聽→表達**。

比如，你想向對方推薦一款專門播放幽默影片的ＡＰＰ，不妨先這樣問：「你經常用什麼ＡＰＰ？」假如你沒有問，就直接說：「我給你推薦一款看搞笑影片的ＡＰＰ吧，非常不錯。」然後，就一味的向對方推薦。此時，對方心裡很可能會想「快停下來吧，我一點都不喜歡看幽默影片」。你看吧，你說得再動聽，對方也不會買你的帳。

事實上，**提問才是溝通中最重要的技能**。問對方的想法，然後傾聽對方的想法，再來解釋說明問題，這才是溝通的正確方式。不提問、不傾聽，只要對方的表達欲望沒有得到滿足，就算你再能言善道，溝通效果也不會很好。

有位媽媽經常要出差，但是只要在家，她每天晚上都會給女兒講睡前故事，哄女兒睡覺。可是，有一天晚上，女兒怎麼也睡不著，眨著大眼睛問：「媽媽，妳明天為什麼又要出差？」

媽媽回答：「媽媽要去參加培訓，就像妳要上幼稚園一樣。」

女兒繼續問：「那妳一共要去幾天？」

媽媽回答：「三天，週日晚上媽媽就回來了。」

女兒突然哽咽起來：「媽媽，我不想妳去，我會想妳的。」

然後，女兒抱著媽媽就是一陣大哭，媽媽手忙腳亂的安慰她，好久才讓女兒的情緒平復下來。

如果這位母親不直接回答，而是用提問的方式，溝通的效果是否會更好一些呢？

「寶貝，妳想一想，媽媽以前出差都是因為什麼呢？」

「開會。」女兒柔柔的說。

「媽媽告訴你，這次不是開會，那是什麼呢？」

「培訓。」女兒低聲說。

「是的，媽媽是去學習新知識，等媽媽努力學好後，就可以幫妳做更多事情了。」

「那妳能給我講更多有趣的故事嗎？」女兒問道。

「當然可以。」

「好啊！」女兒的情緒有所緩和。

「那我們一言為定，媽媽記住了，妳記住了嗎？妳再說一遍媽媽答應妳什麼了？」

在後面這段對話中，媽媽及時給予女兒肯定和鼓勵，讓她體驗互動中回答的樂趣。女兒的感受最後被媽媽轉化為積極的情感，這也讓她帶著滿足感甜甜的入睡，而不是失落感。

所以聊天時，針對對方的話，可以丟出問題，至於丟出什麼問題，不妨找出你們之間的共同點。比如：都愛看電影，就聊電影；都愛旅遊，就聊風土人情；都愛玩遊戲，那就聊遊戲。實在沒有共同點就嘗試聊對方的興趣愛好，然後，再等對方回答。雖然不是以自己為主的談話，但是聊天仍然會變得順暢、熱烈。

5 話題沒深度，如何保持熱度？

保持對對方的持續關注，讓對方感受到你在聆聽，並且讓對方願意說下去。

很多人聽別人講話，常常聽不到十分鐘，視線就會不由自主的飄向別處，根本沒專心聽對方說話。還有一些人更過分，聽別人說話時，十分敷衍，一邊玩手機、一邊假裝在聽對方講話。

傾聽時不夠耐心、不夠專注，是談話過程中經常會出現的問題。這些人又總會給自己找各式各樣的理由：「始終保持談話的熱度多難啊！」、「我到哪找那麼有深度的話題啊！」

在現實生活中，很多人會有「第一次接觸，該如何發起話題？如何保持談話的熱度？如何讓溝通延續下去？」的疑問。

如果你不想一直用這麼沒誠意的方法聽別人講話，那就不妨用「為什麼」、「怎麼會」來進行提問。這類提問是最能激發對方繼續說下去的問句。同時，也可以及時給予簡短的回應，如「嗯」、「啊」、「然後呢」，或是重複對方談話中的某些關鍵字，鼓勵對方繼續說下去。

在許多類型的談話中，你的回應目的就在於讓對話繼續，對方說什麼，你就說什麼，然後再加個問題，把「球」拋回對方手上。就算話題再怎麼高深，這些回應都能派上用場。

下面就是幾個常見的對話情景：

情景一：

「他的設計根本就是抄襲的，竟然還能得獎？」

「是嗎？為什麼會這樣呢？」

情景二：

「你知道人事績效考評的過程有多麻煩嗎？」

「真的？怎麼會這樣？」

情景三：

「聽說演員〇〇〇被封殺了，好可惜啊！」

「這到底是演哪一齣？怎麼會這樣？」

我們常說，溝通的目的就是保持對對方的持續關注，讓對方感受到你在聆聽，並且讓對方願意說下去。與他人對話的過程中，你要有意識的等他人說完，明顯感到他在期待你的回應時再表達。

其實，專注的聽和回應，就是表達關注的一種積極回饋。這種積極回饋會帶來愉悅感，表達的人也會更願意繼續說下去。只要你的反應是一種鼓勵，不管對方多有地位、多有深度，都會深受鼓舞，繼續往下說。你只需要記住，**自始至終把話語權交給對方，並保持耐心傾聽，而不是表達自己**。

如果你對對方的話題實在不感興趣，但是為了讓談話流暢的繼續下去，那就試試這些回應方式。它們既可以幫助你填補尷尬的沉默時刻，又能給予對方足夠的時間，繼續原有話題，或者開啟一個新話題。說不定當對方的話匣子打開，能言善道的程度會讓你咋舌。

6 五分鐘就聊不下去，救救我

社會生活包羅萬象，總會有你想關注的事和想關心的人。聊天的時候，不妨聊一些最近的熱門話題。

現今，教人「聊天說話」的暢銷書不在少數，只是讀完之後，不會聊天的依然不會聊天，不會說話的依然不會說話。一些接話套路偶爾用用可以，但是如果讓人發現了規律，只會覺得你是在敷衍，反而弄巧成拙。

而時事話題或最近熱門的社會事件，不僅是多數人都知道的話題，還能讓閒聊氣氛變得更加熱烈。最關鍵的是，對於身處職場的人而言，如果想跟辦公室裡那些前輩，或是興趣愛好跟你差十萬八千里的同事愉快的相處，時事便是一個極好的話題。

很多人都有過這種體驗：當我們和別人偶遇時，大都會聊到「你的服飾（或髮型）……」、「今天的天氣……」、「你最近胖了（或瘦了）」等話題。但是，如果相處的時間超過五分鐘，一般這種寒暄的話題就撐不住了。此時，最好趕緊搬出時事新聞。比如：「這雨什麼時候才能停啊，南方受災區早已是一片汪洋了。」、「聽說，健保繳費基數又上調了，我們的待遇水準是不是也會跟著提高啊？」……。

從某種意義上說，**時事話題不僅是萬能的，還是實用性很高的題材**。和男同事相處，可以談談數位產品和汽車；和女同事相處，就聊聊明星八卦和本地消費，這些是大家都能參與的話題。不過，若是政治話題，就要避免有爭議的內容，因為那很容易引發激烈的爭論。

娛樂新聞是辦公室社交中最安全、最有趣的題材。討論自己的私事別人不一定愛聽，議論共同認識的人那是大忌，講大家都知道的明星則是最合適不過的。

「民以食為天」，跟吃吃喝喝有關的新聞，對很多人來說才是生活的頭條。你所居住的城市有哪些特色的餐廳、酒吧，好吃好玩便宜的東西，或多或少都應該知道一些。

對本地消費資訊的熟練掌握，會讓你成為公司的吃喝玩樂達人。當大家想要享受一下生活，或是有招待親友的需要，都會第一時間想到你，找你幫忙推薦一些好吃好玩的地方，而這也有助於提升你在辦公室的人氣。

因此，如果你想要聊天卻發現自己沒有什麼話題可聊，那麼平時就要善用瑣碎時間積累一些題材。**想變成一個講話有料的人，就請先從豐富自己的題材開始**。這樣一來，你在人群中才能得到更多回應的聲音。

7 聊天的地雷區

別對別人的生活追根究柢。月薪多少、結婚沒、宗教、政治、哲學等等話題，都是一級地雷區。

很多人都遇過這樣的情況：很想參與大家的聊天，卻不受喜愛，或者一說話就惹得對方不開心。這是為什麼？很有可能是因為他們觸碰了談話的地雷區。

阿朱與某大學同學好久沒見，有一次，兩個人竟然在萬頭攢動的機場相遇了。

一番熱烈的交談之後，沒心眼的阿朱竟然想都不想就問對方：「哎，妳先生還好吧？」

同學的表情瞬間由晴轉陰，之後，輕描淡寫的回一句：「分了。」

事實上，當時這位老同學正在鬧離婚。

不管這位同學的內心是否足夠強大，這總歸是件殘忍的事。而且，不懂聊天技巧的阿朱很可能會莫名其妙的從此變成老同學眼中的討厭鬼。無論她接下來如何好言好語，老同學難免會在心裡猜測：「看她那眼神，一定是在可憐我。」、「說話陰陽怪氣，不是嘲諷是什麼？」、「她會不會把這件事傳得沸沸揚揚？趕快給我消失！」

一直以來，我們總是把注意力集中在怎樣交流才是有水準的，卻忽視了最重要、最根本的其實是要**避免使對方不愉快的語言和行為**。

然而，一言既出，駟馬難追。雖然說者無心，但是並不能保證聽者是否會心有芥蒂。化解這樣的芥蒂難免要費一番工夫，這又何苦呢？

當然，多嘴的阿朱也可能是無辜的，但誰叫她傻乎乎的越入不該觸碰的談話地雷區呢？為什麼就不能聊聊當下流行的服飾，或是剛遊玩過的一個旅遊景點區呢？

跟不那麼熟悉的人交談，應該避開一些地雷區。首先，就是對方不便跟陌生人說的事，比如月薪多少、結婚沒有、孩子的成績等話題。還有就是談起來很容易引起爭執的話題，比如宗教、政治、哲學等。

遺憾的是，很多人往往不了解這些談話地雷，動不動就喜歡對別人的生活追根究柢：「為什麼還不結婚？怎麼還不生孩子？年薪多少？房子買在哪裡？」他們以為這樣是跟人家套交情，其實這正是他們聊天失敗的原因。

固然好友之間談話，談得深才更有意義。但是這事急不得，交情到了，自然會深入的談。如果在交談中不可避免的涉及這些話題，千萬**不要直接問，而是應該採用旁敲側擊的方法，委婉的提問**。

第六章

化解尷尬和冷場

1 忘了對方名字，怎麼救？

跟人打招呼時，重新介紹一下自己。說自己名字時，要說得慢一點、清晰一點。

很多人都有過這種體驗：面對一個不是特別熟的人，能認出對方的臉，想起對方的職業，但就是想不起對方的名字。那個時候大腦就像是被清空一樣，即便是曾經一起交談很久的人，也會記不起他的名字。

忘記別人的名字或許是很多人常遇到的尷尬，你很可能剛剛問過別人的名字，但轉眼就忘記了。雖然大多數人都會原諒你，不過，你可能還是會覺得面子掛不住，常覺得不好意思，生怕對方以為自己看不起人。為此，想要說點什麼來補救。

不要怕，有時，你可以不用直接說出對方的名字，巧妙的避免丟臉，比如說：「噢，是你啊！」、「真巧，我們又見面啦！」、「嗨，你看起來不錯哦！」、「我們都多久沒有見面了，你還好嗎？」

不過，如果你想要參與很多社交活動或是會議，還是應該記住對方的名字。首先，當我們聽到一個名字的時候，一定要多重複幾遍，重複得越多，印象也就越深刻。與此同時，務必要**專注的看著對方的臉**，**強化記憶**。很多時候，我們忘記對方的名字，往往是因為我們的注意力不夠集中，或是當我們第一次聽到這個名字時走神了。

接下來，試圖把你**聽到的名字和原有記憶中的一些東西聯繫起來**。比如，眼前這位新認識的朋友，看起來有點像著名的電視節目主持人〇〇〇。為了避免遺忘，最好儘快將對方的名字和一些與他們有關的關鍵字，寫在記事本裡。

最後，向對方索取名片，回家之後，儘快在名片上寫下貼切形容這個人的話。你的表述可能有些詭異，不用介意，因為這只有你一個人知道。

當然，最尷尬的狀況莫過於，那些你真正應當記住的名字卻被你忘記了。你可能已經認識對方很久，而且對他們的名字就像對自己的名字一樣熟悉，但是在見到那個人時，你卻怎麼也想不起來。

這種情況下，如果實在是沒辦法掩飾你的健忘，你可以這麼說：

「糟糕我腦袋裡突然一片空白，我們之前在哪換過名片啊？」

「啊……我是○○，你是……？」

「抱歉！我腦子一下子卡住了，我們是在哪裡認識的呀？」

「我知道你的暱稱（或英文名字），可以再換一次名片嗎？真對不起。」

「我當然知道你是誰，但名字叫久了要麻煩你提醒我，你貴姓？」

與此同時，你要想到別人也可能忘記你的名字，這時可不要惱怒發火。當你跟某人打招呼的時候，不妨重新介紹一下自己。說自己名字的時候，也要說得慢一點、清晰一點。

2 說了蠢話，承認能最快擺平

蠢話就像一把利劍，刺入人心，傷害了彼此之間的感情。

人與人能夠溝通，建立親密的關係，很大程度上依賴於言語。然而，我們又往往不夠理智，很容易依著自己的性子說話，傷人而不自覺。比如，有些人生氣憤怒時，習慣性說些言不由衷讓人難過的話，還有些人會口不擇言的說一些自以為是的話。這些話不僅會拒絕別人的好意，還會將自己與他人的距離拉開。

言語的力量相當巨大，而蠢話更像是人生路上的巨大地雷。如果說謠言能把假的說成真的，那麼蠢話也能像一把利劍，刺入人心，傷害了彼此之間的感情。

或許很多人都有過這樣的經歷：當你抱怨社區裡的某位鄰居時，卻發現他的家人剛好從你身邊經過；工作用餐時間，你以為老闆外出辦事了，就跟同事聊起自己升職無望的苦衷，此時老闆卻神不知鬼不覺的出現在你面前；在有CEO參與的談話場合中，你以瞧不起的口吻提起「精英」這個詞；你非常討厭別人當眾抽菸，因此一說到這種人，你就忍不住大聲責罵，但完全沒注意到這群人中竟然有一個「老菸槍」……。

看到這裡，你是不是渾身冒冷汗：「天啊，我竟然說了這麼多的蠢話！」我們說的每一句話代表的都是自己。而一個人說話的方式，往往決定了他是聰明人還是笨蛋。正如一位名人所說：**「愚蠢的人用嘴講話，聰明的人用腦說話，睿智的人用心說話。」**

事實上，即使你道歉，人們還是不會忘記你的失態。所以，為了避免一開口就讓他人對你的印象打折扣，最好的辦法就是做到事先預防，保持沉默，直到你能控制自己，不會把腦袋裡的想法通通說出來為止。

但是，說過的話猶如潑出去的水，若話已說出口，該怎麼辦呢？那就真誠的跟對方道歉吧！切記，你的一言一行一定要讓別人相信，你已經知道了自己的愚蠢，而且非常後悔，此時你可以這樣說：

「我實在是太愚蠢了。」
「我簡直太傻了，我不知道自己到底在想什麼。」
「請原諒，我真的是太粗心了。」
「我很抱歉，那麼說實在是不為他人著想。」
「你能原諒我說出這麼不考慮別人感受的話嗎？」
「我早該知道自己這麼說很不恰當，深感歉意。」

很多時候，一句無心的話，就會破壞原本和諧的氛圍。此時，最簡單的反應就是想想愛人的眼淚、親人的嘆息、朋友的背影、同事的疏離，然後為你所說的話道歉。不過，未經大腦思考的話，還是要避免說出口為妙。

3 要「你來評評理」的時候……

作為旁觀者，你的建議對整件事的發展有著至關重要的作用。所以，請理智的對當事人負責。

生活中，我們到處都可以見到爭論的場面，奇妙的是，當事人幾乎很少能達成一致觀點，常常是你說你的道理，我講我的邏輯，爭得不可開交。如果你碰巧趕上，又與當事人相識，勸他們化解矛盾自然理所應當。但是你的言辭一定要非常謹慎，因為若是「救火」不當，反倒會火上澆油。

也許你會說爭端不是由你引起的，你不是那種大聲講話或驚惶失措的人，但是既然問題來了，總要有人堅守自己的立場。無論爭執是怎麼開始的，也無論雙方因為什麼而爭吵，總之，在公共場合爭吵，對彼此的聲譽都會造成不良影響。

中國有句古話：「觀棋不語真君子。」講的是，在觀看一盤棋局時，不能比手畫腳，擾亂別人的思緒。不只下棋有這樣的規矩，其他很多事情也是如此。

假如在一場爭執中，當事人需要你這個旁觀者提供客觀的建議，你應該清楚，作為旁觀者，你能做的事、可以說的話都是有限的。如果你足夠理性，意識到自己正陷於一場爭論之中，那麼就應該趕快抽身。畢竟**你無法改變一個人的想法，而且參與事情的人不是你**。所以，想要善意提醒，就請充分尊重當事人思考的權利。

有這樣一個微電影，搞笑之餘，不免讓人有幾分悲傷。

一對戀人吵架了，但是他們仍然深愛著對方。冷戰第三天，兩個人都撐不住了，都想去找對方認錯，但是兩個人的好友都勸他們不要去，並給出了同樣的解釋：如果對方愛你，再等等他就會來找你了。

於是，這對戀人就真的等了起來，儘管內心強烈期盼著對方來找自己。很多年過去了，這樣的場景一次次重複，直到他們老去，曾經相愛的兩個人還是錯過了。

在別人的感情問題面前，我們都不是當事人，不用承擔事情的後果，但是作為旁觀者，你的建議對整件事的發展起著至關重要的作用。所以，請理智的對當事人負責。

但是，在你決定退出爭執之前，仍然要給足對方面子，你這麼做的時候，當事人也會覺得好過一些，因此，你可以這麼說：

「也許我們可以找個時間再繼續討論。」

「在這件事上，我們已經談了很多，現在讓我幫你們倒杯咖啡，好嗎？」

「稍後我們再繼續吧，我要先去吃點東西。」

「我們已經釐清了一些事，這很好，但是很抱歉，現在我得走開一下。」

當你這麼說的時候，或許會發現並沒有打消當事人爭個輸贏的念頭，可能這些人天生就喜歡爭辯。既然人家這麼喜歡抬槓，那就不要干涉別人的事情了。

4 如何回擊刺探隱私的人

對於那些總是喜歡詢問別人隱私的人，你大可這樣回：「對不起，無可奉告。」對於那些總是喜歡主動暴露自己隱私的人，你可以回：「我沒興趣。」

生活中總有一些人喜歡詢問別人的隱私，打聽別人的家底。想必很多人都被別人打探過隱私，例如：「你一個月賺多少錢？」、「你還是單身嗎？」、「你為什麼離婚？」、「你買保險了嗎？」、「你的父母是做什麼的？」、「你這個傷疤是怎麼來的？」、「好久都沒看見你的太太了，你們倆發生什麼事？」

每個人都有隱私，沒有人願意將自己的隱私在眾人面前曝光。所以，對於那些喜歡詢問別人隱私的人，你大可回：「**對不起，無可奉告。**」對於那些主動暴露自己隱私的人，你若不喜歡，也可以回：「**我沒興趣。**」

熱衷於打探他人隱私的人，總是令人討厭的。這種隨意詢問他人隱私的人不僅會因為他的淺薄俗氣、缺乏涵養而不受歡迎，還極有可能因此惹禍上身。但是，在特殊情況下，如果迫於形勢，不得不提及自己的隱私，但是又想迴避這個問題，你不妨按照以下的方法做。

1 直接把話題還給對方

當別人有意要詢問你的隱私時，你可以反問對方：

「問這個做什麼？」

「為什麼這麼問？」

「你為什麼想知道？」

「知道這個做什麼？」

如果對方說「沒什麼，只是因為好奇」，你可以這樣回答：「真的？」然後就直接換個話題。很多時候，**禮貌是知道何時該假裝什麼事情都沒有發生過**。

2 面對對方的追問，直接轉移話題

當對方問到你一個月賺多少錢時，你可以說：「既然你提到薪水了，我也很想知道，你說我們的個人所得稅是不是又調整了呀？」

當對方對你「消失」了很久的太太很感興趣時，你不妨直接說點別的：「我太太？這倒讓我想起來，我終於見到我們CEO的太太了。」

3 直接正面拒絕回答

比如，你可以這樣回答：

「你怎麼會問我這個？」

「你問的這個問題真的很難回答。」

「噢，很抱歉，我從不談這個。」

「現在我不太想聊這個話題。」

「我答應別人絕不說出來。」

「這個問題我也不清楚。」

4 假裝沒聽到，然後敷衍過去

你可以隨便說點別的事情，或者講些空洞的話，把對方的追問敷衍過去。

例如：

「我覺得你不知道如何把馬鈴薯裡的蟲子挑出來。」

「嘿！我中了十元足球彩票。」

「你知道那部電影已經上映了嗎？」

「明天〇〇廣場有消暑活動，聽說有很多演藝界人士前來助陣呢。」

既然大家都不喜歡別人探尋自己的隱私，那麼，我們在與別人交談時，也應避免詢問對方的隱私，這本身就是人際關係成功的第一步。因此，在你打算向對方提出某個問題時，最好想清楚這個問題是否會涉及對方的個人隱私。如果涉及，就要盡可能的迴避，這樣對方不僅會樂於接受你，還會因為與你輕鬆的交談，而對你產生好印象。

5 沒興趣的話題，要微笑別搶主導

會說話、懂說話，不做冷場王，不是要你圓滑世故、見風轉舵，而是讓你以一種誠懇、設身處地、換位思考的方式待人。

會說話是一種能力，而且是一種重要的能力。然而，很多人有可能永遠也無法變得能言善道，反而是一出場便自帶「冰凍」裝置，與人交談不到三秒，便「冷」到不可收拾。

有一位女士，她就是一個冷場王。起初，同事覺得可能是因為她的性格太直率，後來相處的時間久了，發現她並不是直率，而是不懂得與人溝通。

辦公室裡的年輕同事在空閒時，往往喜歡聊一些娛樂八卦、最新上映的電影。當大家聊得正開心時，這位女同事便會冷冷的說一句：「你們說的那些，跟你們有關係嗎？」

同事們頓時被潑了一身冷水，興致全無。但也有翻臉的同事，一臉不悅的回她：「沒關係啊，就是想聊，你管得著嗎？」此言一出，無疑只會讓這位女士的「敵人」越來越多。

這位女士不喜歡聽別人聊八卦，自己卻特別愛表現。比如，家裡發生了芝麻綠豆大的事，她都會拿來當重大新聞，包括老公給自己買了什麼東西，孩子吃飯等。起初，大家也跟著附和兩句，時間久了，大家都裝作聽不到，無人出聲。

其實，有誰願意聽一個人家裡雞毛蒜皮的事呢？這種對別人話題沒興趣，也不能理解與尊重別人，自己卻在一個小圈圈的話題裡打轉的人，自然也是冷場「專業戶」。不可否認，生活工作中，我們都喜歡那種能在任何場合談笑風生、不冷場的人，這並不是鄙視不懂說話之道的人，而是一種極為正常的現象。

要想不變成一個不受人歡迎的「冷場王」，那就要**多增加知識**，**多去了解別人**，**多充實自己的內心**，如果真的感覺自己在表達上有不足之處，那就**多微笑、少說話**，這也是一種有修養的表現。

6 喋喋不休的人不需要回應，需要臺階

有時候，聆聽其實就是在說話。

《大話西遊》裡面的唐僧總是讓人覺得很煩，就是因為他是一個嘮叨的人。他的那句經典臺詞：「你想要啊？你想要的話你就說嘛，你不說我怎麼知道你想要呢？你想要的話我會給你的，你想要我怎麼可能不給你呢？不可能你想要我不給你，你不想要我卻偏給你……」不知折磨了多少人。

同樣的意思反覆的說，簡直讓人無法插嘴。碰到這樣的聊天對象，想必人人都會像至尊寶（按：被貶為凡人的孫悟空）一樣想打人吧。

小A在熟人圈中就是一個嘮叨的人。初識他的人往往會覺得他沉穩，可是熟悉後才知道，他的訴說欲簡直能讓人抓狂。

去同學寢室玩，同學自顧自的玩遊戲、看書，氣氛降至冰點，在這樣的情況下，他也能開始自己的脫口秀，自娛娛人。

也許很多人都有過這種遭遇，不幸成了婆婆媽媽、囉哩囉嗦的「唐僧」的俘虜。眼前的這位「唐僧」面帶笑容，雙手揮舞，不停的從這件事說到下一件事，或許就在你分神的一會兒，他就講到另外一件事了。

然而，最讓你忍無可忍的是，如果你的視線稍微從他的身上移開一會兒，他就會叫你的名字，把你的注意力重新拉回來，接著說：「嗨，我知道你一定喜歡接下來這一段。」如果你想要打斷他的話，他就會立馬轉變話題：「好好，那我們先不聊這個，再跟你說啊，那個……。」

這種說起來沒完沒了的人簡直太愛聊天了，他們的嘴巴就像是停不下來的機關槍，不是在吃東西就是在說話，大有《大話西遊》裡唐僧的潛質。

你知道沒有人會來解救你，因為他們都不想步你的後塵，因此，這時你得學會自救。雖說在你的內心裡已經演練了數遍「能少說一句嗎？」、「你怎麼一天到晚這麼多話。」之類的臺詞，但即便在這樣窘迫的情況下，你仍然需要做一些既解救自己、又能給對方臺階下的事。例如，你可以這樣打斷對方：

「天啊，對不起，我得馬上去吃藥，我竟然忘記了。」

「我忘了給臨時工留電話，抱歉，我得先給他打個電話。」

「我竟然占用你這麼長的時間，我的火車就要開了，再會！」

「不好意思，我的手機一直在響，我得趕快回個電話。」

的確，遇到講話嘮叨的人，無論是默默忍受對方的喋喋不休，還是突然來一句「說夠了沒」讓他閉上嘴，都不妥當。這種人要麼意識不到自己所言有何不妥，要麼天生喜歡成為眾人的焦點，於是喋喋不休的說個沒完。為了不讓彼此之間的關係變僵，千萬不要惡言相向，不妨和對方說一些善意提醒的話，或是放開心隨他說，這樣對雙方都不會造成困擾。

但是如果你意識到自己就是一個講話嘮叨的人，那該怎麼辦？最好的辦法就是給自己一些心理暗示，有意識的控制自己說話的時機和語氣，想好了再說。**寧願不說話也不要盡說廢話**，這是一種聊天素質。有時候，**聆聽其實就是在說話**。

7 自嘲可凸顯智慧，多看書

自嘲是幽默的最高境界，是一種深沉的智慧。在處於尷尬境地的時候，能夠坦蕩蕩的自嘲，不僅是一種風度，也是一種修養。

生活不會一帆風順，總是充斥著各式各樣的突發狀況。當你在不知不覺中處於極度尷尬的情況下，該怎麼辦呢？不妨用自嘲的方式，把自己從困窘的場面中解救出來吧！

朱莉是一名著名的女演員，從一九二〇年代到一九八〇年代一直活躍在銀幕上，但是她晚年的時候日漸發福。因此，每當好友邀請她去海水浴場游泳，她總是找各種理由推辭掉。

在某著名品牌的開業活動上，一位娛樂記者針對這個問題向朱莉提問：

「朱莉女士，您是不是因為自己太胖，怕出醜才不敢去海水浴場游泳？」

朱莉想了一下，爽快的回：「你說得很對，我是因為自己胖才不去海水浴場的，因為我擔心飛行員在天上看見我時，以為又發現了一個新大陸。」

在場的人聽後，發出了一陣善意的笑聲，並不由得鼓起掌來。一場小小的尷尬，很快便消失得無影無蹤。

當記者問起昔日光鮮亮麗的女演員關於「胖」的問題時，聰明的女演員並沒有迴避，而是進行了巧妙的誇飾法，這樣的回答形象生動而富有幽默感，還避免了談及自己是否「怕出醜」這樣一個尖銳的話題。

這位女演員用詼諧的言語自嘲了一番，既沒有被記者牽著鼻子走，又活絡了現場氣氛。同時，還給大家留下一個良好的印象，將自己的樂觀、自信和勇敢的一面展現在大家面前，不失為一個高明而有趣的回答。

人生旅途其實很漫長，誰都會不小心摔跤、陷入難堪的境地。此時，學會適當的自嘲就很有必要。**表面上看是嘲弄、笑話了自己，但事實上，卻是一種大度和從容的智慧。**

透過適時的自嘲來化解尷尬，既幫助我們重新掌握局面，又讓所有人都覺得輕鬆和自在，從而提升你的魅力指數。在眾人的一片笑聲中，你的智慧和魅力都會被大家看到。而你的這份勇氣，更值得所有人為你喝采！

8 對於背後非議別人的場合

如果背後非議別人的人，並沒有對他們自己的言行感到羞恥，你也大可不必因為堅持自己的原則，而感到不好意思。

在和一小群人聊天時，如果聽到其中有一、兩個人開始議論你們都認識的某個人，而且措辭並不厚道，這種在背後拆臺的話語，難免會讓你覺得很不舒服。

小M是某企業的一名會計，對業務很熟悉，工作上也從未出現過任何差錯。但是他有一個致命的缺點，就是喜歡在背後議論別人。

小M所在的部門有一位眉目清秀的女同事，只是年齡大了點，一直沒有結婚。

一日，小M與另一位同事閒聊，不經意間便談起了這位大齡女同事，兩個人說得興高采烈。就在這時，同事小Y剛好經過，聽到一些他們的談話。微妙的是，小Y和這位大齡女同事是同鄉，私底下交情很深，聽到這樣的話，小Y感覺很難堪。

在朝九晚五的職場，辦公室的同事總是會聽到一些閒言碎語，若是真的事不關己，大可假裝沒聽到，但若是有一天你聽到別人在議論某個你們都認識的人，而且言辭毫不客氣，這時候想從容應付一定很難。

不可否認，無論是誰，都難免被他人說長道短，也難免有過言行不慎，被人抓住把柄、評論是非的時候。可是，如果有人以這種八卦的方式提到你，使你陷入這樣的漩渦，想必一定希望有個人能跳出來阻止。

但是，如果在背後非議別人的人，並沒有對他們低劣的言行感到可恥，你也大可不必因為堅持自己的原則，而感到不好意思。畢竟，不道德做法的背後總是掩藏著見不得光的陰暗心理，看透了這些之後就不應為其煩惱。在這種時候，沉默有時反而是不恰當的。

那麼，你又該怎麼做呢？此時，**最直接表達你立場的方式就是起身告辭，離開這群人**。當然，如果你願意也可以說點什麼，效果或許會更佳，而且你自己也會好過一些。例如：

「你真的相信這些事嗎？」

「我想我們可以問問本人，關於這件事，也許會有另一種說法。」

「聽你這麼說，我覺得很驚訝。」

「你在說什麼？他怎麼可能是你說的那種人呢？」

「你的話真的讓我很不舒服。」

「這真有趣，因為他提到你向來只有稱讚的話。」

「你知道，我對傳聞是不怎麼相信的。」

第七章

說話的分寸

1 開玩笑，不能只有你笑對方不笑

開玩笑，本來是一件眾樂樂的事，但如果開玩笑的對象悶悶不樂，那麼這個玩笑就是一種傷害。

氣氛尷尬時，一句玩笑話很可能瞬間就讓壓抑的氣氛輕鬆下來，這時玩笑話就起到化干戈為玉帛的作用。然而，有些人開的玩笑，根本不像是在開玩笑，更像是在挖苦和嘲諷別人。所以我們要明白，尖酸刻薄和幽默感完全是兩回事，不要把它們弄混。

當你直接跟一個人說，他簡直笨得像頭豬，或是跟你的房東直言，他家的裝修很老土時，或許你覺得自己是在開玩笑，但是對方很可能不買你的帳，覺得你已經傷害或侮辱到他們了。

A同學正在讀大學，因為天生長得就比較黑，所以被宿舍裡的B同學取了一個外號——黑哥。

可是，這件事卻讓A同學十分不高興。宿舍其他人似乎都能感覺到他的不開心，漸漸的，也都不叫他的綽號了，偏偏只有B同學，無論何時何地還是會用「黑哥」來稱呼他。

A同學說，他和舍友的關係相處得很好，就連和給他取綽號的B同學的關係也不錯，唯一讓他不高興的就是被別人叫成「黑哥」。其實，不光取綽號這件事，B同學還經常拿他的膚色講各種話題。

講到這裡，可能有人會說，這個A同學太「玻璃心」，不就是被人說一下膚色黑嗎，這也沒什麼，沒必要和舍友鬧彆扭。雖說拿一個人的膚色黑開玩笑，算不上是挖苦諷刺。但是旁觀者和當事人的感受是不同的。我們不是A同學，無法感同身受，就會覺得這是一件小事。可能取綽號的B同學也是這樣想的，「這不過是同學之間的玩笑話罷了」，於是，並沒有把它當回事。

如果你開的玩笑並不好笑，已經超出適度的範圍，就必須考慮是否傷害到了別人，這一點很重要。且如果你的道歉毫無誠意的話，只會適得其反，讓局面變得更糟。所以，你要避免說這樣一些話：

「我不是這個意思，這純屬意外。」

「真的不懂你為什麼要生氣，放輕鬆一點嘛。」

「這沒什麼大不了的吧，純屬口誤。」

「都說對不起了，你還要我怎麼樣？」

這個世界上，沒有人喜歡別人拿自己的短處和缺陷來開玩笑。想想自己曾經的遭遇吧，當我們成為別人開玩笑的對象時，是不是心裡覺得很委屈，一萬個不高興？遺憾的是，那個開我們玩笑的人，還覺得不就一個玩笑，何必這麼當真？

如果你真的想道歉，那麼就真心誠意的向對方道歉，讓對方感覺到。你可以試著這樣說：

「真的很抱歉，我真不知道自己在想什麼。」
「你儘管說，我該如何賠罪？」
「我沒那個意思，我簡直太蠢了。」
「我對不起你，我怎麼這麼沒腦子。」
「是我把事情搞砸了，請你原諒我吧。」
「我肯定說錯了什麼，真的很抱歉。」
「對不起，我完全沒有傷害你的意思。」
「如果換作是我，我也會生氣的。所以，真的很對不起。」

有些話、有些事，對一些人而言可能無關緊要，但是對另一些人而言可能就關乎人格和尊嚴，畢竟我們很難做到感同身受。所以，**開玩笑時，無論是有心還是無意，一旦開玩笑的對象露出不悅的表情，就要立刻停止，並且在事後做出真誠的道歉**。因為道歉是生活的黏合劑，可以修補任何東西。

當然，既然要道歉，就好好的道歉，然後把這件事忘個精光，別總是提起。

另外，道歉的時候也要避免過度戲劇化，否則會讓人心生反感。例如，下面這些話就明顯說過了頭，讓人看不到你的誠意：

「我真的非常、非常、非常抱歉。」

「我的天啊，我怎麼這麼笨，簡直就是天底下最笨的笨蛋。」

總而言之，開玩笑是為了活絡氣氛、增進感情。所以，在開玩笑時，一定要三思而後行，不要因為不恰當的玩笑而損害了人際關係，否則就得不償失。

2 讚美過頭，聽起來會像嘲笑

讚美的尺度掌握得如何，往往會直接影響讚美的效果。唯有點到為止的讚美才是真正的讚美。

人人都喜歡聽到讚美的話，這是人的本性。當然，並非所有的讚美的話都能讓人喜歡，因為讚美的時候，要考慮場合、對象、語言等因素，只有把這些細節都兼顧到了，才能贏得被讚美者的喜歡。否則，讚美的話說得再多，也是徒勞。

這就好比一個氣球吹得太小，不夠好看，但是吹得太大，又很可能會吹破。所以說，對他人的讚美也應該掌握一個程度，真誠的讚美應該恰到好處，而這樣的聊天也會更加愉快。

當然，並非人人都能把讚美的話說到恰到好處。生活中，很多人常常是為了讚美而讚美。例如，為了贏得上司歡心、達到自己的目的，總是說一些阿諛奉承的話：「您真漂亮，是我見過的第一美人。」、「您是我遇到的最有能力的人，沒有誰能比得上您。」對他人如此恭維，聽起來當然不會令人舒服。

顯然，這樣的讚美是不得當的，很容易失掉聊天的真誠。**真誠的讚美是出於真實的感受，是一個人對另一個人的某種優勢、長處的肯定**。拍馬屁則不同，它並不是出自人們內心深處對另一個人的認可，而是**為了達到某種目的而刻意表達出的好感**。這種過度的讚美難免會讓整個對話聽起來像是互相吹捧、阿諛奉承。

例如，你發現某人歌唱得不錯，如果你說：「你的歌聲是全世界最動聽的。」顯然，這樣只會使雙方都難堪，但是如果換個說法：「你歌唱得真不錯，挺有味道的。」想必對方一定會很高興。

讚美一定要發自內心，要讓對方看到你的真誠，因為你要讚美的人是你了解的人，要讚美的話是來自於被讚美人的優點。

適當的讚美可以讓感情升溫，而過度的讚美只會顯出你的虛偽和勢利，讓聽者產生「他是不是要跟我借錢」、「他是不是想要我幫什麼忙」之類的想法。

所以，做一個有分寸的人，一定要懂得拿捏讚美的分寸。使用過多的華麗辭藻，只會使對方感到不舒服、不自在，甚至感覺肉麻、厭惡，結果只會適得其反。而恰到好處、點到為止的讚美，才是真正的讚美。

3 別人的自嘲，不是你可以參與的

在別人自嘲時，做一個好的傾聽者會比沒有技巧的附和，讓你更受人歡迎。

人際關係，有時就像圍坐在一個火爐旁取暖，不時會被突然濺出的火星給燙到。也就是說，一句有失分寸的話，很可能成為你與他人交往過程中的障礙。然而，更糟糕的是，你傷了人還不自知。

我們常說，**自嘲是一個人高EQ的表現**，**一個恰到好處的自嘲，可以向朋友傳達你的豁達和善意，可以很快拉近你與別人的距離**。可是，當你的朋友自嘲時，如果你不知分寸的加以附和，很可能會讓雙方都下不了臺，甚至會讓局面變得尷尬起來。

在一次閨密聚會中，Y小姐言情並茂的描述，她最近一次相親的窘境，從父母如何給她施加壓力逼她相親結婚，一直聊到相親對象如何乏味無趣。在座的大多數姐妹也正面臨同樣的問題，由於大家都同病相憐，聽完都開始唉聲嘆氣。

此時，因堵車而遲到的D小姐終於來了，大家繼續熱烈的討論著先前那個話題。D小姐自顧自的坐在沙發上，端起桌上的杯子就猛灌一口水。

又過了不久，Y小姐轉而自嘲起來：「大概是我年紀大了吧，所以家人才擔心我再不結婚，就找不到對象了。」

此時D小姐總算搞懂大家正在談論的話題，聽到Y小姐的自嘲，立馬接了一句：「對啊，妳看妳年紀也不小了，再過兩年抬頭紋都要蓋不住了，趕緊趁現在姿色還不錯，多相親幾次，找個差不多的就行了，不然等妳當了高齡產婦，屁股可能大得連走路都困難。」

說完，D小姐一個人咯咯的笑個不停。

大家互相對望了一眼，並沒有配合著笑，氣氛一下子變得尷尬了。一直默默坐在旁邊的麥姐終於耐不住，回了一句：「人家自嘲，妳起什麼鬨！」

很顯然，這是一次失敗的聊天。Y小姐的自嘲或許只是想緩和一下沉重的聊天氣氛，不巧的是，D小姐加入後，不僅附和了，還把別人的痛點當作一個笑話。最後，氣氛不僅沒有被炒熱起來，反而讓人尷尬得無所適從。

我們都想做一個有趣的人，希望在眾人面前可以高談闊論、暢所欲言。可是，在我們絞盡腦汁的想如何做一個有趣的人之前，是否做到了知分寸、懂進退呢？畢竟每個人都有底線，在沒有觸碰這條線之前，大家都能相處愉快，可是一旦觸及底線之後，真正愉快的又有幾個呢？

人與人之間的關係真的很微妙，有些人因為一句話從此不再來往，也有些人因為一句話而成為摯友。因此，說話一定要懂得分寸，千萬別自以為是，別把小聰明當幽默。

4 口頭禪會陷害你的形象

有些口頭禪無傷大雅，有些卻是人際關係的大忌，往往會在不經意間破壞你的「溝通形象」。

生活中，每個人或多或少都有一些口頭禪，即使努力控制，還是會脫口而出。有些口頭禪無傷大雅，有些卻是人際關係的大忌。**如果你在溝通中反覆出現某些口頭禪，那麼一定會破壞自己的「溝通形象」**。

我們常說，一個人講話時要文雅、俐落，這不僅是交際的需要，還是培養個人良好談話修養的要求。你可以問一些朋友，看看他們是否發現了你使用重複的措辭，如果有，那就趕緊改過來，或者盡量避免。

有些人經常掛在嘴邊的一句話就是「**長話短說**」，講這句話的人，往往對短話完全沒有概念，只是想為接下來的長話表示抱歉罷了。如果你自己也有這個習慣，那麼你很可能就是口若懸河、愛講長篇大論的人，這時最好認真的精簡一下你要說的話，不要讓人覺得你說話叨叨絮絮，沒有重點。

另外，下面這些口頭禪在談話中也要盡量講一次就好，如果再三的講，既沒有任何意義，也讓人很難接受。

「**你清楚嗎？**」、「**你知道我的意思嗎？**」、「**你知道我在說什麼嗎？**」、「**我告訴你啊……**」、「**我跟你講……**」、「**你明白嗎？**」、「**是不是啊！**」在說話交談中，有些人經常使用這類口頭禪，雖說只是說話者的一種語言習慣，在句子裡也沒有實際意義，但是這種口頭禪難免給人一種自以為是、居高臨下的感覺，使聽者產生不舒服的感覺。

「**這個**」、「**那個**」、「**嗯**」、「**啊**」……有的人講起話來，經常使用這種口頭禪，讓語言顯得雜遝、紊亂、不流暢，令人不勝其煩。

雖然口頭禪大都是人們在無意識中形成的，但它其實表現出一些人身上某些修養的欠缺。所以，要想給人留下彬彬有禮、謙遜幹練的好印象，必須戒掉這些措辭，因為它們對你的談話沒有任何幫助。

此外，還有一種口頭禪則因人而異。有些人喜歡講「漂亮」、「很棒」，有些人喜歡說「太好了」、「好可怕」，有些人則總是反覆說「厲害」這類詞，但是無一例外，每隔幾分鐘就會重複一次，這會降低你的談話效果。所以，為了不損你的風度，不妨找個朋友或親人問問，看你是不是經常講這些口頭禪。

但是，話又說回來，那些總說沒有意義口頭禪的人，大概平時不愛讀書，不增加詞彙量，「詞到說時方恨少」。儘管自己心裡已經想得很清楚了，但就是說不出來。所以，當你還在為怎樣克服口頭禪而焦慮時，那就靜下心來，多讀讀書吧。當你對要講的內容和措辭比較熟悉時，就給大腦和嘴巴一個磨合的機會，自然也就能減少，甚至消滅毫無作用的口頭禪。

5 聊八卦可以得人緣，但有風險

聊八卦是很多人的喜好，然而，考慮不夠周密的八卦，往往會使別人對聊八卦之人的印象大打折扣。

我們經常會聽到有人這樣評價某個人：「這個人真八卦，啥都打聽、啥都亂說……。」聊八卦屬於人的天性，而八卦者更是熱衷於捕風捉影，四處散播訊息。這其中，雖然不乏一些純粹是為了茶餘飯後的話題，不帶任何惡意，但人言可畏，若是把握不好八卦的程度，很可能會造成損人不利己的後果。

一個有修養的人不會輕易散播八卦資訊。有一句俗語叫「謠言止於智者」，雖說八卦並不是謠言，然而八卦卻為謠言提供了成長的沃土。很多時候，我們看待一件事情，或者是看待一個人，未必能看得一清二楚，更何況某些資訊是從別人口中聽來的。所以，我們最好還是**避免散布謠言，避免談論別人私密的事情**。

也許很多人會說，聊聊別人的八卦，說不定會讓你很有人緣，因為似乎每個人都很喜歡聽這些故事。然而，別忘了，這樣在別人的印象中，你很可能會成為一個陰暗的小人，也就是那種不受歡迎的傳話者。

儘管如此，八卦也並非都是壞事，全看你如何界定。有時候，散布別人取得的成就，甚至八卦一下別人獲得成就背後的有趣故事，就很好。例如，誰家添了寶寶，誰的健康狀況有所改善，或是誰家剛買了一間新房子等消息，嚴格來說都是八卦，但是人們卻能接受，並不會因自己的隱私被侵犯而面露不悅。

其實，好的八卦聽起來應該是這樣的：

「好消息！Angela訂婚了，據說男方條件很不錯呢！」

「聽說老闆回來了，而且有足夠的信心，帶領我們迎接更大的挑戰。」

「看，這就是蕭克的新家——這可是海邊稀有的花園洋房啊！」

「聽說他的兒子剛上國二，就已經考過鋼琴八級了，真厲害噢！」

不過，如果說了下面這些話，你可能就是在講不好的八卦：

「聽說，老闆的太太帶著孩子獨自生活了？」
「你知道為什麼菲兒最近都沒有去上班嗎？」
「讓我告訴你吧，事情其實是這樣的。」
「你不會相信我聽說了什麼，老總的事情真的被人告發了。」
「我猜你一定不知道我們的會計到底發生了什麼事。」
「聽說我們的導師出事了。你知道嗎？」

考慮不夠周密的八卦，往往會使聽者對講八卦的人的印象大打折扣。因此，開口之前不妨問問自己，站在你對面的那個人是不是也會聊這種事。如果會的話，那你最好乖乖的把嘴巴閉緊。

6 暢所欲言的人不會自覺（惹人厭）

交談中，如果別人對一個話題失去了興趣，你就不要試圖繼續獨占對話，聊個沒完。

當我們形容一個人口才好，常常會用「口若懸河」、「滔滔不絕」等成語。然而，與人交流時，最令人生厭的人便是這種獨占對話的人。他們常常忽略新加入的人，並且從不會問別人問題，不管發生什麼事，始終都是一個人講個不停。

話多絕不等於口才好，更多時候，話多往往意味著口才差、討人厭。人的食量有限，一旦肚子被食物塞滿了，就不能品嘗其他美味的食物。同樣，遇到滔滔不絕的人，若是對方用一堆廢話把我們塞到撐，那麼接下來無論對方說什麼，我們都很難聽得進去。

或許很多當事人也很清楚這一點，「噢，我已經說了這麼久，我正在獨占對話」，遺憾的是，他們就是不知道該怎麼結束。很多人是心裡有話，但嘴上不知該怎麼說。同時，也有不少人是心裡沒話，但嘴上說個不停。

不少父母都有過這種體會：自己的苦口婆心常被小孩子嫌棄為嘮叨，肺腑之言也總是被孩子當成耳邊風。若是在孩子身上發生了你不希望看到的事情，這時父母又會趕緊補上一句：「看看，我說什麼了？跟你說過多少次了，就是不聽。這下好了吧！」而你那可憐兮兮的孩子呢？自己已經很沮喪了，還要被父母訓斥一頓，心情自然很鬱悶，心裡能不抱怨嗎？

對於這些父母，我們想說的是，有時候，話多真的會失效。如果你就是忍不住，喜歡囑咐個八遍、十遍，那麼，不妨把真正嚴重的事情用筆寫下來，並放在孩子每天一眼就能看到的地方。

這種沉默無聲的舉動，反倒會讓孩子記得更清楚：「哦，我得注意了，這個提醒一定要記在腦子裡，千萬不可大意。」為此，你需要事先就和孩子做一個約定，講清楚哪些事情屬於嚴重程度較高的。

如果你是說起話來就沒完沒了的主管，最好也要區分一下輕重緩急。如果確實是嚴重、需要大家認真對待的事，那麼就以電子郵件或短信的方式，簡明扼要的交代對方，並請對方回覆確認收到，必要時可以留下白紙黑字的證據，這樣你的話才會受到重視。如果你實在忍不住要說一些廢話，那就默許這些廢話任由下屬左耳進，右耳出吧。

其實，有些人並非故意要獨占對話，他們只是不知道，如何以簡單明瞭的方式來敘述某件事情。如果你發現自己也會一個人說個不停，不妨停下來問問對方：

「對這件事你有什麼看法？」

「你去過那嗎？」

「你有沒有碰到過這種事？」

「如果是你，你會怎麼做？你有什麼想法？」

當然，你也可以隨身攜帶手錶，以便隨時提醒自己，一旦你已經發表自己的看法超過三分鐘，那麼就是換別人的時候了。無論你多麼想再說點什麼，或說的故事有多麼好笑、有趣，都要克制自己，別再說下去了。

7 憋不住祕密不是心直口快，是品德低下

每個人都有過向別人傾訴，或傾聽祕密的時候。保護好別人的隱私是一個非常重要的美德。

每個人都有其心靈最柔軟的地方，那裡往往潛藏著不願意讓別人知道的祕密。但是，知道這個祕密的別人也許是真的想洩密，也或許是忍不住別人糖衣炮彈（按：比喻外表具誘惑力，內含陷阱的一種手段）的誘惑，不小心把祕密說了出來。

最近，Jack把一個祕密告訴了跟他關係最好的同事，並且要這位同事替他保守祕密。這位同事信誓旦旦的說絕對不會告訴別人，但不久之後，公司裡幾乎所有的同事都知道了這個祕密。大家開始用異樣的眼光看著Jack，讓他在公司抬不起頭。

雖然Jack在公司的發展前景很好，但他最終只能辭職、離開公司，另謀出路。他說自己恨透了那個出賣他的同事。

這樣的事情其實早已不是第一次發生。那位同事總是無意中洩露別人的祕密，例如：「那是因為他說老闆壞話被聽見了，糟糕！」、「他不是自己辭職的，是被老闆炒魷魚了，不過他要我不要跟別人說。」

當別人向你傾訴祕密時，說明對方信任你，並且認可你的品德。此時，**保護好別人的隱私，既是你的責任，也是一種美德**。若是不慎說出別人的祕密，你必須做出適當的補償。

首先，你得向對方道歉，當面糾正自己的錯誤，否則對方日後很可能不會再相信你。如果你坦率承認錯誤並誠心表示懺悔，對方通常都會再給你一次機會。對被你洩露了祕密的當事人，你的態度一定要真誠，表達你內心深處的悔恨。

接下來，你需要向那些從你口中知道了別人祕密的人道歉，同時告訴他們，你已經知道透露別人祕密的行為，有多麼不道德，並且向他們保證，你會馬上讓被洩密的人知道你都洩露了什麼祕密。

8 這種幽默不如沉默

幽默就像抓癢——抓輕了，不癢；抓重了，會痛。

喜歡講笑話的人，總是讓人多幾分欣賞。看到朋友悶悶不樂、心情沮喪，他們就會說上一句幽默的玩笑話，哄得朋友開懷大笑。

幽默的玩笑話，是笑容的最佳催化劑，往往能在關卡處點醒人：這件事不過如此，沒什麼大不了。不過，開玩笑也要有限度。

Y先生和同事們一起請客戶吃飯，飯後，客戶提議去咖啡廳再坐一坐。大家分幾輛車走，Y先生坐了一位客戶的車。上車後，Y先生發現座椅很靠前，而後座上又堆了一堆東西，於是他就把東西挪開，試圖把椅子向後推一點。可是，弄了半天，都沒有搞定。

因為是剛認識，大家都還不熟，Y先生就跟客戶說：「只怪我太笨了，能麻煩您幫我把椅子稍微往後調一下嗎？謝謝。」

聽完Y先生的話，這位客戶一臉驚詫，哈哈大笑，反問他：「大哥啊，你是不是今天剛進城的呀？我第一次聽說還有人不會調椅子的。不過，看你剛才開車門還學得挺快的。」

也許這位客戶覺得自己很幽默，可是他沒有考慮到Y先生的自尊心。開玩笑的準則是可以自嘲，但絕不能嘲笑。你可以調侃自己醜、胖，但是千萬不能把這些詞用在別人身上。

對第一次見面的人就這樣開玩笑，實在是不禮貌。面對自己熟悉而別人陌生的事物，要做到不炫耀、不嘲笑、不譏諷、不盛氣凌人，才是真正的有教養。

我們和別人談話，最好的狀態莫過於，說話的人舒服，聽的人也舒服。那些總是想在言語上壓倒別人的人，也許很聰明，腦子轉得很快，但是，人緣不一定有多好。跟陌生人，尤其是第一次見面的人，就開一些毫無分寸的玩笑，只會讓別人覺得你不懂禮貌。因此我們應記住，**幽默過了頭便會成為瞎胡鬧**。

雖說幽默感強的人常常是受歡迎的人，也是經常成功的人，但是也要注意玩笑背後的規則，避免踩到以下「地雷區」：

- 不要拿別人的生理缺陷開玩笑。把自己的快樂建立在別人的痛苦之上，很可能會冒犯到別人。
- 諷刺性的幽默很可能給人難堪的刺激，結果造成彼此的疏遠。
- 惡作劇不是每個人都願意接受的，捕風捉影、以假亂真，把小道消息作為茶餘飯後的笑料，都是不負責任的低級趣味。
- 每個人都有自己的個性，在開玩笑之前，不要忽略對方的性格因素。
- 玩笑不應含有蔑視別人職業的成分存在。

很多人喜歡在聊天時開個玩笑來活絡氣氛，但有時候開錯玩笑反倒弄巧成拙。如果他人不喜歡開玩笑，就會認為愛開玩笑的人舉止失當或令人心煩，日後也可能會處處躲著你。所以說，**玩笑開對了是幽默，開錯了還不如沉默**。

第八章

公司裡，怎麼說話的？

1 會做不如會說，這些事你要主動說

你很努力、很認真，但還要再專業一點，不僅要會做，更得會說。

俗話說「會做的不如會說的」。如果你想僅憑熟練的技能和踏實的工作，就在職場遊刃有餘、出人頭地，未免有些天真。雖然能力加勤奮很重要，但是會說話，能讓你工作起來更輕鬆。

不過，偏偏有些人會做事，但不太會說話。更可悲的是，這樣的人可能很難得到上司的重用、獲得同事的幫助、得到下屬的信任與支持。不會說話的職場人，雖然工作也很辛苦，但不得不遺憾的說，因為不會說話，他們總是得不到認可。

小A是某公司的財務總監。在一次會議上，他向董事長建議，不要採取某機構建議的理財方案。客觀的說，小A的建議確實很有道理，而且也提出了自己的解決辦法，但是他沒能在短時間內清晰、準確的表達自己的觀點，結果被董事長打斷了。儘管小A為此做了很多功課，但是最終他還是遺憾的錯失了這次機會。

還有一次，小A向另一個部門的某位同事求助，沒有打電話，只是發了一個簡訊留言：「聽說你在這方面有點心得，這個項目我不會做，你看你什麼時候有時間跟我講講。」大家都知道，**求人幫助講究的是心存謙虛、真心誠意，若是能明示利益回報**，就更不會遭到拒絕。但是小A一項都沒做到，對方回一句「沒時間，以後再說吧」，就算是客氣的了。

無論公司大小，上司不可能每天都盯著下屬，看下屬做了什麼，也不可能像朋友那樣，了解下屬的個性和工作方式。所以，那些只顧埋頭苦幹的人，往往很難得到上司的理解，反倒容易被上司誤解。而且你的不擅言辭，也可能會讓好好的同事合作就這樣泡湯。所以，**身在職場，不但要努力、認真，而且需要再專業一些，不僅要會做，還要會說。**

那麼，有什麼辦法可以讓上司和同事知道你在努力工作，且成績斐然呢？

1 及時告知上司自己的工作進度

完成一項工作之後，先和上司溝通，然後再做後期的收尾工作。如果你不擅言辭，或者沒有機會和上司面談，一個很好的解決辦法就是，把你所做的工作即時發布到工作群組裡，這樣就不怕他看不到。

2 應該承擔的責任不推託，不應該承擔的責任不沉默

工作中出問題，明明應該別人承擔責任，一定不要代人受過。該你承擔的責任，絕不推卸。不該你承擔的責任，也絕不自攬。

3 善於欣賞別人

看到同事的工作得到上司的讚賞，雖然你心裡難免會為自己不被上司認可而難過，甚至有些忌妒，但是你仍然要誇誇這位同事：「○○的設計／創意真不

錯。」在明爭暗鬥的職場裡，善於欣賞別人，會讓上司認為你本性善良，並富有團隊精神，從而給你更多的信任。

4 面對批評，明白對方對事不對人

面對來自職場的批評或責難，不管自己有沒有不當之處，都不要將不滿寫在臉上。與之相反的是，你需要讓對方知道，你已接收到他的資訊，不卑不亢反而會讓你看起來既自信又穩重，更容易被給予重任。

2 你的傾訴，傳開來就變成牢騷

雖然你的牢騷能博得別人的同情與安慰，但是你很可能會失去別人對你的尊重。更何況，這樣做並不能解決實際問題。

職場江湖，難免會有一些令人悶悶不樂的人或事。比如：「老闆交辦這麼多的工作，還讓不讓人活？」、「同事怎麼這麼討厭，不經同意，就擅自動我的東西！」

當你的薪水達不到自己的期望值時，或是處理不好和老闆、同事的關係時，你很可能就是那個滿口牢騷的人。對這些發牢騷的人來說，辦公室裡不是太冷就是太熱，不是老闆太難伺候，就是餐廳伙食太糟糕。總之，永遠都是境遇不公，結果成了同事眼裡的「萬人嫌」。

其實，你在抱怨什麼並不重要，重要的是你在傳遞一種負面情緒，而你的這種牢騷很容易影響到公司整個團隊，除非你表達得很有技巧。

阿傑是個心直口快的小夥子，他的老闆卻是個不容易溝通的外國人，這就註定了他是個愛發牢騷的職場人。有一次，在報表資料的問題上，老闆和阿傑發生了爭執。

回到辦公室的阿傑，氣呼呼的把資料夾摔到桌子上，發起了牢騷。平日裡偶爾會附和幾句的同事，這次卻默不作聲。

阿傑回頭一看，原來老闆就站在門口。老闆認真嚴肅的說：「我本來是想跟你道歉的，那個數據是我弄錯了。但是，當我看到你剛才的那一面時，我改變了主意。」

沒有人會喜歡發牢騷的同事，也沒有老闆會喜歡發牢騷的員工。**禍從口出，是發牢騷的最大危害**。雖然你的牢騷能博得別人的同情與安慰，但是你很可能會失去隱私；雖然你對別人信任有加，能拉近彼此之間的距離，但是你很可能失去別人對你的尊重。更何況，這樣做並不能解決實際問題。

所以，當你的生活出現失戀、婚變等危機時，最好不要在辦公室裡隨便找人傾訴。如果你對老闆、同事有意見，更不應該在辦公室裡發牢騷，畢竟隔牆有耳。這些傾訴內容很可能成為你職場中的「不定時炸彈」，在你升職、加薪等關鍵時，被別人毫不留情的「引爆」，而且這樣做本身就說明你是一個缺乏涵養、缺少人格魅力的人，這樣無疑會嚴重影響到你的職場前途。如果你意識到自己經常滿腹牢騷，就應該刻意提醒自己：需要換種表達方式了。

有些職場人士的牢騷話說得非常有水準，既達到了自己的目的，又讓他人覺得很舒服。比如，劉先生在一所語言培訓機構上班，晚上加班幾乎是家常便飯。於是，他非常巧妙的向老闆「抱怨」，說接連幾天加班，自己有多累。這樣做，老闆既知道他加了班，又知道他非常辛苦。一週後，老闆就批准了劉先生一週的休假。

儘管大多數人承認，**牢騷其實就是發洩不滿，並不能指望它改變現狀**，但就是控制不住自己的情緒。那麼，如何委婉的發洩自己的不滿情緒呢？下次，當你實在忍不住要發牢騷時，請務必認真思考以下的建議：

▼一個人心有不滿時，說出來的話往往帶有強烈的個人情緒，也不能被別人接受，此時最大的忌諱就是讓牢騷脫口而出。

▼辦公室有時就是一個小社會，牢騷發得越多，反而越容易被同事誤解，或是滋生令人反感的情緒，導致負面效果。

▼向同事或是同行業的熟人傾訴自己的煩惱，是非常不妥的做法，誰能保證他們在聊天時，不會把你說的話傳出去呢？

▼不要事事發牢騷，這樣不但使你的工作效率大打折扣，而且你的工作能力也會讓人懷疑。

▼當遇到一個非常棘手的問題時，請懷著樂觀的心態解決這個問題。積極的溝通永遠是最好的解決辦法。

▼如果對某件事情已經發過一次牢騷，也得到了對方的重視，那就不要再提此事。

▼與人交流時，要多用委婉、商量的語氣，把諷刺、抱怨的話變成建議。

▼發牢騷者總是覺得自己沒有受到重視，作為上司，若是能夠熱情周到的給他們提一些建議，問題通常會迎刃而解。

▼如果你並不贊同同事的牢騷，那就試著巧妙的把話題轉移到更積極的一面。

3 聽不懂的口頭匯報，洩露個人組織能力

話講出來要能清晰的表達，並且要讓別人聽懂，這是說話的基本要求。

很多人都遇過這樣的情況：想說明白一件事，結果說了一大堆，對方還是沒有搞明白；明明想說的是A，結果東拉西扯，說著說著就說到了B甚至C，最終對方一頭霧水不說，還覺得你邏輯不清、語言表達不佳。

在日常工作中，無論你從事什麼行業、處於什麼職位，無時無刻都會涉及思考和表達。這是每個人都應該具備的核心能力。那麼，如何才能在短時間裡清晰的表達自己的觀點，且有效的說服他人呢？

假設你是一家公司的老闆，一天，某個下屬在電話裡向你彙報工作，他說：「老闆，您好，剛剛網路部的張經理來電，說公司網路出了問題，四點

前他不能來參加會議了；會議室明天已經有人預定，後天是空著的；還有財務部賈總的祕書說，賈總明天要很晚才能從外地回來。所以我建議把這次會議的時間定在後天上午十點，您覺得呢？」

聽完這個工作彙報，你有什麼感覺？是不是完全搞不懂下屬說話的重點是什麼？對方想要表達的核心到底是什麼？為什麼要改到這個時間？

日常工作中，有這種表達習慣的人確實不少，在很短的時間內，一個人自始至終說個不停，可是聽的人卻完全不明所以。**話講出來要能清晰的表達，且要讓別人聽懂，這是說話的基本要求**。

那麼，如何才能在最短的時間內清晰的表達你的觀點，甚至說服對方接受你的觀點呢？繼續以上面這個場景為例，跟大家討論一下。

這位下屬的表達有結論，也有原因，但是，站在老闆的角度來看，他最希望的就是對方很快說明自己的觀點是什麼，而且越清晰明確越好。在工作場合中，為了提高效率，就應該先說結論再說理由，這樣才會更有說服力。

老闆之所以聽得一頭霧水，是因為下屬表達時沒有對資訊進行分類概括。

有些原因可能出在人，有些則出在會議室上，那麼，可不可以把這些原因分類一下，別人聽起來就會更清晰。

在上面這個例子中，賈總、張經理就是人的問題，而且各有各的情況，但是後天都有時間，那麼下屬在彙報工作時，就可以把這兩個人的情況放在一起說，這樣資訊傳遞的效率才會更高一些。

按此方法，前面說的那個案例，怎樣說才合適呢？

「老闆，您好，我們能不能把今天下午四點的會議，改到後天上午十點？因為後天賈總、張經理都有空參加會議，而且後天會議室可以預定。」

這樣表達是不是就簡潔明瞭多了呢？如果老闆仍然有疑問的話，你還可以針對每個人的理由繼續展開。

4 不想被人呼來喚去，就在話裡劃定界限

要說「不」時，不妨先肯定，然後再用「迂迴策略」改變其想法，往往更能達到效果。

對於大多數人而言，說「不」是一件困難的事。對於職場人士而言，說「不」似乎更是難上加難。

「畢業到現在，我已經工作一年多了，雖說一直在鍛鍊自己為人處世的能力，但仍然有一個困擾，就是在職場該怎樣拒絕別人？特別是面對強勢的人時。

「公司的老員工和個別同事總會要我幫他們做一些雜事，例如，寄快遞、裝作業系統，參加一些無聊的活動，常常導致我手頭上的工作一再被打斷，可是我就是不知道該怎樣拒絕他們。」

你是否也經常覺得這樣一些要求很煩，甚至很反感呢？代打卡、代加班、代

簽到、代買東西、代做報告……既然你那麼不爽，為什麼不直接說「不」？

其中原因莫過於我們總是希望被別人喜歡，被別人當作善於團隊合作的人；不想因為拒絕某個人，或某件事而傷害了對方的感情，疏遠了彼此的距離；害怕自己表現不佳，在團隊中沒有價值；擔心如果自己不幫助別人，別人也不會幫自己；才剛進入職場，資歷淺，怕得罪同事。我們對太多事情說「不」，其實是出於愧疚，或是為了證明自己無所不能。但是，如果我們對太多的事情說「是」，只會令自己疲於應付，甚至產生相反的效果。

某公司的老闆提議週末籌辦員工旅遊，可是地點卻是一個大家去過好幾次的度假村。

對此，負責籌辦這次旅遊的經理心裡很清楚，若是再去同一個地方，員工多少會有一些怨言，這樣很難達到放鬆的效果。

可是，他又不能跟老闆直說。在開會宣布旅遊地點時，他滿口贊成老闆的提議，並且認真把「指示」記在本子上。

會後，這位經理找了個機會，私底下向老闆說明情況，並向他推薦一個不錯的去處。老闆思考後，果然改變了自己的決定。

如此，這位經理既在會議上保住老闆的面子，又履行到自己的職責。

有時，為了避免直接說「不」給當事人帶來的不好影響，不妨**先肯定，然後再用「迂迴策略」改變其想法**，往往更能達到效果。你的肯定便是向老闆表示贊同，這樣就在心理上拉近了彼此之間的距離。當面對你的拒絕時，對方也能以「可以體會」的態度接受。若是直接說「不」，反而會讓老闆覺得你不懂事，不顧及他的面子，從而對你產生不好的印象。

當然，還有一些技巧可以幫助你有效拒絕他人：

▼詢問向你求助的人，了解他們請求的重要性，在接下來的對話中，或許能找到比你更適合提供幫助的人，並且提出更好的解決辦法。

▼用尊重的態度拒絕對方的請求，並提供可以幫助對方的替代選擇。

▼如果你無法提供對方所需的幫助，那就說聲抱歉，然後用堅決但有禮貌的語氣告訴對方。如果對方同意，務必要感謝對方的理解，並向對方強調未來你依舊願意提供支援。

總而言之，學會巧妙的說「不」，既能幫你劃定界限，又能維持好與同事的關係。即便在拒絕時，與同事間的交流也可以為你提供機會，建立或增強與對方的關係。當然，說「不」並非易事，但是如果你始終能以關心和尊重的態度拒絕，反而可以給雙方都帶來好處。

5 把無謂的勝利讓給對方

談話並不都是「華山論劍」，非要有個輸贏。做人做事都不能太計較，否則，就沒有餘地了。

同一句話換種表達方式，往往會有不同的效果，但在職場，總有些人輸在不會說話上，引起大家的反感不說，還丟了飯碗。

小王所在的公司就有這樣一位女同事，能讓所有跟她有過接觸的人都退避三舍，表示不想再跟她有任何交集。

這位女同事畢業於某知名大學，可以說是學富五車、邏輯清晰、口若懸河。每次部門開會，她都能侃侃而談，還是接老闆話題的一位高手。很多初次接觸她的人，往往會有讓人難以招架的感覺。

可是，這位女同事卻不怎麼被大家喜愛，甚至還有人很討厭她。公司裡，需要協調事情時，其他部門的同事很少願意配合她。就算是同一個部門的同事，也不太願意跟她做搭檔。

這位女同事的問題就出在，每當她跟同事意見不同時，她總是把對方駁得啞口無言。那些口頭上敗給她的人，心裡無不期待她出洋相。

其實，單就工作能力而言，上司還是很欣賞這位女同事的。但是，當上司發現此人人緣太差，不能和團隊其他成員融洽相處時，對她的評價也就大大降低。

後來，這位女同事離職了，聽說離職談話時，她跟老闆說的離職原因竟然是：「公司太摳門了，我這麼努力工作，才給我那麼一點獎金，我是一定要走的。」

其實，每個人都希望別人同意自己的觀點，但是每個人又都是自己那片小領土的「國王」。既然都是「國王」，那麼每個「國王」當然都有自己的想法，實在不可能大家都同意彼此的想法。

職場上，當你不同意某位同事的觀點時，並不需要像這位女同事那樣，硬要對方認輸。這麼做無論是對事情的進展，還是對職場人際關係都沒有絲毫的幫助。要知道，談話並不都是「華山論劍」，非要有個輸贏。做人做事都不能太計較，否則，餘地就沒有了。除非你的目的是一拍兩散，那就請盡情反駁，在破壞你形象和人際關係的道路上漸行漸遠。

那麼，怎麼做才能既妥善處理好問題，又能讓同事心服口服，進而相互理解、相互支持呢？把無謂的勝利讓給對方，語帶保留，迂迴的提醒，但凡思維正常的人都應該聽得出你的立場。

可是，如果遇到非逼自己認輸不可的同事，又該怎麼辦呢？**如果認輸並不會傷害到你的原則，那就一笑而過，把無謂的勝利讓給對方。比起脣槍舌劍，你的退讓更能顯出你的度量**，且對方也會很樂意跟你進一步合作。

6 辯到贏的結果

爭辯永遠不能讓你得到滿足，但讓步卻可以讓你得到更多。

想必很多人都遇過，面對別人的無理要求，沒能及時拒絕，心裡十分委屈；面對別人的無理指責，一時找不到應對的方法，結果白白吃虧；明明事事有理，爭辯起來卻變成了無理取鬧，簡直就是有苦在心口難開。但是，爭辯如同爭鬥一樣，永遠沒有贏家，失利的一方固然倒楣，勝利的一方也很受傷。

小張氣鼓鼓的把小王叫出辦公室，劈頭蓋臉就是一番責備：「你是什麼意思，怎麼能把我們倆交流郵件的副本寄給老闆呢？」

小王看起來很淡定，不慌不忙的說：「我沒有別的意思，咱們交流的內容涉及專案發展方向，當然應該讓老闆了解一下，你說呢？」

「不就是因為我不同意採用你說的那個方案，說了幾句過激、難聽的話嗎？我告訴你，這個方案的設計是由我負責的！」

「幹嘛這麼衝動，我就是提點建議，設計還是你負責，你自己去處理吧。」小王說完，轉身就走了。

身在職場，猶如一群人吃鍋飯，難免會發生勺子碰鍋沿的事。一封郵件引發了兩位同事的激烈交鋒，你說你的理由，他說他的道理。爭論的雙方都相信自己的想法是正確的，都在力求勝利。

然而，多數時候，即便你是有理的一方，若是採用爭辯的辦法要求對方認可，那麼分歧就將永遠存在。著名科學家富蘭克林（Franklin）曾說：「**在爭論或反駁中，也許你贏了對方，但那樣的勝利是空虛的。因為，你絕對無法贏得對方的好感。**」

爭辯永遠不能讓你得到滿足，但讓步卻可以讓你得到更多。讓步不是怯懦、膽小，而是建立人與人之間良好關係的法寶，是你為人處世的一種優雅風度。

人在職場，無論是誰都可以發表自己的意見。案例中的小張沒有選擇當著同事的面和小王爭執，而是直接把他叫到辦公室外面。這其實就是在向小王宣告：「我不怕你，你也別侵犯我的職責領地。」很顯然，這是一種有效釐清勢力範圍，但又不讓對手難堪的策略。可是，不管結局怎樣，小張的發飆，以及對同事的指責，還是引起對方極大的不滿，同事關係也搞得很僵。其實，在這個看似稀鬆平常的情境，其背後所蘊藏的說話智慧，往往被很多人忽略。

我們首先要確立一點，職場爭辯不是吵架，也絕不應該為了個人的勝利而與他人論高低。有時為了自己堅持的主張，我們應該據理力爭。不過，過激的爭論反而會帶來許多負面的效果。那麼，我們該如何應對職場中不可避免的爭辯呢？不妨思考下面幾點建議：

▼ 我們之所以爭辯，其實是因為每個人理解問題的角度不同，本身並沒有對錯。因此，討論某事時，我們要對事不對人，容許別人有自己的看法。

▼ 要有接受不同意見的心胸。如果對方提出的意見正確，那就應當採納，並且反思為什麼自己走了彎路。如果對方提出的意見不正確，在反駁對方前，也要認真思考一下自己的想法，這種思考也許會幫助你，發現之前沒

有發現的問題。

- 雖然你應該坦率的提出自己的反對意見，但是仍然要注意提出反對意見時的方式與態度，同時也要肯定對方意見中合理、正確的部分。唯有這樣，對方才更容易接受。
- 為了避免討論成為一場辯論，要隨時記住，討論是為了加深雙方對某件事的認識，以及推動事情的進展。

卡內基曾經說過這樣一句話：「**天下只有一種方法能得到爭論的最大利益，那就是避免爭論。**」如果你喜歡爭論，甚至常在爭論中獲勝，那這種勝利是空洞的，因為你將永遠失去對方的好感。

不過，有些時候，在激烈爭論過後，一些問題也許會變得明朗起來，彼此也會更容易做出互相理解和讓步的行動。當然，這種激烈的溝通方式，只能有選擇的使用。

7 就算你比較懂也別插嘴

喜歡打斷別人、亂插話的人，甚至比發言冗長的人更令人討厭。

職場交談時，每個人都有發言權，但是**不等別人把話說完，就打斷對方的做法，不僅是沒禮貌的行為，還會引起他人的反感，甚至毀掉自己的職場前程。**

小高和小許分別是兩個部門的中階主管。小高能言善道，但是總喜歡搶先發言，還常打斷別人的話，結果經常會誤會他人的意思。

而小許說起話來就沒有那麼咄咄逼人，總是流露出親切的目光。不管說話對象是他的上司還是同事，他總能耐心的聽完後，再予以回應，而且回應的時候也能理性平和，甚至一針見血的表達自己的觀點。

年底，公司進行優秀主管評選，大家一致把票投給了小許。一個月之後，公司有一個管理職位出現空缺，董事會也選擇了小許。

在和小高的這場角逐中，小許那種不插話且盡心的聆聽別人說話的習慣，無疑對最後的勝利起了關鍵作用。

談話時，把自己的話插到正題之中是件很重要的事情。若是做得恰到好處，不僅不會使聽者陷入難堪的境地，還可以把格調提高。

但是很多時候，我們也會遇到另一種情形，那就是總有一些喜歡插話的人，會冷不防的打斷你的話。例如，當你正跟客戶講到某個專案時，突然冒出一個同事，在一邊說「這個項目是我們公司做得最成功的」、「這個專案能給客戶帶來很大收益」等。再如，當你在會議上發言時，你的同事突然打斷你，向你提問，你必須回答同事的疑問，再繼續之前的發言。可是這樣一來，你的思路就被打斷了。

相信很多朋友都遇過這樣的情況。在這個問題上，需要明白的第一件事就是，這種情況可能並不是針對你個人，插話者很可能只是思維速度比在場的其他人都快，所以才會打斷別人，或者是他們想快速表達自己的看法。

但是不管屬於哪一種情況，當你面對那些喜歡插話的人，務必要掌握一些技巧。接下來給大家分享幾個方法。

1 要求完成你的發言

當你開始發言時，就要跟大家說清楚，你需要先講完所有內容，然後大家再發言。例如，你可以說：「這個專案的流程，大致包括五個部分，請允許我先告訴大家整個過程。然後，我們再針對各個部分，或其他細節展開進一步的討論。」

2 繼續說下去

如果你的發言被別人打斷，你可以繼續說下去，無須理會插話者。你要自信的繼續說下去，並略微降低你的聲調，這樣一來，插話者為了能夠聽到你的聲音，往往會選擇停止說話；有時，也會有其他人站出來去阻止他們，並要求你重複發言。

3 讓別人參與到談話中來

如果有人在整個團隊都在場的情況下不斷插話，你就可以要求其他人也參與到談話中。例如：「我們已經了解了○○的很多看法，不知道其他人對此有什麼想法？」

4 私下與插話者談談

如果插話者還沒有意識到自己的所作所為有不當之處，你就有必要安排一次，只有你們兩個人的私下談話。

告訴對方你所觀察到的情況，以及這樣的情況持續了多長時間，並且一定要強調這件事對你所產生的影響。

8 這八句話會害慘你，換種說法吧

那些容易引起同事之間的矛盾和衝突的話，若是能換種說法，可能會更有效。

無論你是職場老鳥，還是職場菜鳥，都可能**因為不經意的一句話，讓未來升職、加薪受到阻礙**。話究竟要怎麼說，才能為自己的形象加分呢？如果你發現自己的溝通存在問題，下面的話不妨換種說法試試，也許效果會更好。

1 「完了，完了，這下麻煩大了！」

此言一出，必定會讓聽者覺得出了什麼大事，且還不是什麼好事。你可能還沒來得及跟別人詳述具體情況，就已經讓恐慌情緒在辦公室裡蔓延開來。若是能換種說法，比如：「傷腦筋，好像出了點狀況。」是不是會更好一些呢？

2「這個啊？我可不行，我處理不了。」

當老闆把一個額外的任務交給你處理時，也許你會擔心自己做不來，或者擔心額外工作耽誤了自己的工作進度，又可能是覺得上司偏袒，把沒有人願意承擔的工作交給自己，很不公平。無論真實的情況如何，也不管你能否做好，千萬不要一開口就表現出抵抗的情緒，否則，很容易讓別人懷疑你的能力和誠意。這種情況下，不妨換個說法，比如：「好的，我會馬上處理，有問題再跟您溝通。」作為下屬，想要在職場成長得比別人快，努力是首要條件，但更重要的是，把握更多的學習機會。

3「就他能耐，好像地球少了他，就不轉了似的。」

同事之間相處久了，往往會忽略對方的優點，反倒對彼此身上的不足很敏感。其實，每個人都渴望自己的價值得到別人的認可和讚美。如果你能經常讚美同事，相信你的同事一定會感覺到你對他的重視，無形中增加對你的好感。而且與同事保持這種和睦的關係，也一定能溫暖你的職場生活。上面的話若是換個說法，比如：「〇〇〇主意真多，這回可幫我們大忙了。」是不是更能拉近彼此之間的距離呢？

4「看在朋友的面子上，幫幫我！」

職場交情，多一分稍遜，少一分則不足，畢竟每個人都有自己的立場。於是，如何拿捏其中的分寸就顯得至關重要。但是請記住一點，獨立是你要學會的第一件事情。所以，同事之間的合作固然很重要，但是也不要用交情做籌碼。如果迫不得已要拜託同事幫忙，不妨試試這句屢試不爽的話：「這回得靠你了，沒你還真不行。」

5「不知道，你問別人吧。」

工作中，偶爾幫同事做點事，是不可避免的，而且這也是建立和維護人際關係的一種途徑。事實上，我們並不是總能抽出時間處理同事的問題，而且有些時候，你也不是什麼問題都能解決。即便如此，你也不可以藉此推託，影響同事關係不說，還會破壞自己的形象。對於瞻前顧後的職場老好人來說，不妨拿這句話來救急：「不好意思，我先思考一下，待會給你答覆，好嗎？」之後，你便可以先把自己手頭的急事處理完，或是請教一下別人。

6 「請問你有什麼意見？」

不是什麼人都願意告訴你他的想法，收穫與誠意往往成正比。但是對於有些事情，若是非得徵求同事的建議，不妨說：「我很想知道你對此事的看法。」當然，同事眼中的好，在你這卻未必。畢竟同事不是你，不會和你感同身受，同事的只是建議，自己的才是主意。

7 「不就是這點事嗎，有什麼好大驚小怪的？」

職場中，我們經常會看到很多人在抵賴狡辯，或是為了推卸責任而指責別人，或是為了免受譴責而互相推諉。雖說暫時逃脫責罰，可以保持良好的自我形象，但是如果你只願意接受讚賞而不願承擔責任的話，那麼你永遠也別指望能夠加薪、升職。凡是事業有成的人，都會勇於面對自己的過失，敢於擔當，一句非常誠懇的「不好意思，這是我的失誤，幸虧沒有造成大礙」，反而會為自己加分。

8 「真笨，我都說過三遍了。」

很多時候，我們若是懷疑別人，並不能得到任何利益。相反的，我們若是相信別人，往往能看到別人身上的優點。信任別人才是最大的自信。所以，在職場上，如果遇到類似情景，不妨試試：「可能是我沒說清楚，再來一次一定行。」

| 第九章 |

用對心機，巧妙改變別人的潛意識

1 電話不是想到就打、邊說邊想的任性工具

打電話也是一門學問，善用其中的技巧，你也能夠迅速成為電話溝通高手。

某一天早上，L小姐一手拎著包包，一手拿著咖啡，快步走向辦公室。這時，手機突然響了。她費力騰出手來接電話，心想：「這麼早，是誰打電話給我？」低頭一看，電話那頭竟然是她媽媽。

媽媽其實也沒有什麼急事，只是突然想起上週末，醫生交代要喝某牌子的藥，而家裡附近的藥局又沒有賣，就撥電話給女兒。因為要代買的藥還不少，中西藥都有，有的藥名還是英文，因此，L小姐只好在路邊半蹲下來，趕緊找到筆和紙，記住媽媽的交代。

也許很多人不解，這位媽媽怎麼不用簡訊的方式把藥名發給L小姐，或是直接把藥盒拍下來再傳給女兒？

對於這些不解，這裡暫且不做分析。只是從這位媽媽的角度來看，她當然可以在想打電話的時候就打電話。畢竟人上了年紀，記性不怎麼好，在還沒忘記時，趕緊交代孩子該辦的事，這也是老人家的特權。

但是話又說回來，如果是對待他人，就有必要培養一點接聽和撥打電話的禮儀。電話作為一種現代通訊設備，是一種人與人溝通的工具。有的人接聽和撥打電話時，無論是語氣、聲調，還是語言、措辭，都讓人聽起來十分舒服，而有的人則不然，粗聲粗氣、語言不雅，讓人生厭。

有些人打電話時，常粗魯的不先問對方是否方便，就自顧自的開場了。也許對方正在開會、趕車、上課，你的做法不就是隨便跟別人「借」時間說話嗎？問一聲「**請問您現在方便講電話嗎**」，起碼表示了我們對別人時間的重視。否則，你粗魯的打給別人，只會換得對方冷酷的掛斷。

這裡與大家分享一些打電話的技巧，可以讓你迅速成為電話溝通高手：

▼ 每個人的工作習慣和時間都各不相同。比如，給管理層的人打電話，最好把通話時間安排在上班後的半個小時之內，因為他們上班都很準時，半小時後參加會議、忙於處理其他事情的可能性比較大。為此，當你增加新客戶時，最好在電話簿中加上一條備註，記下此人方便接電話的時間。

▼ 如果電話中有瑣碎又必須的資訊需要交代，例如地址、日期等，最好用簡訊來說。不得已要請對方用筆記下時，要先問一聲：「請問您方便找紙筆記一下嗎？」要借用對方幾分鐘時，要先問對方是否方便。

▼ 做任何事情都要提前做足功課。打電話之前，最好把通話要點羅列在紙上。這樣才可以確保接下來的溝通邏輯清晰，不至於遺漏重要資訊。若僅靠隨機應變通常很難做好。

▼ 如果工作電話沒有撥通，那麼最好用手機給對方發個簡訊，簡要說明一下事由，尤其是當你用公司的電話撥出去，而對方又沒接通時。

▼ 接聽或撥打電話時，一定要注意自己的講話態度。聲音能夠讓人體會到你是冷漠、還是熱情的。因此，接聽或撥打電話時態度要平和，面帶微笑說話，語氣就會溫和得多。

2 先聽明白對方想要什麼，不然白費脣舌

人都是自戀的，所以溝通的最好辦法，不是自己想說什麼就說什麼，而是在了解對方的想法後，再決定該說什麼。

所有事情的第一步就是溝通。如果你所銷售的產品或服務正是客戶所需要的，那麼在客戶購買之前，就必須清楚的告訴對方，購買後所帶來的好處。若是這個基礎沒打好，後面的工作很可能都是無用。

最近，A公司接了一個專案，而其中的硬體需要招標。一家大型外商公司相中了這個買賣，特別派了一名銷售人員李先生來A公司做方案展示。

在A公司的負責人看來，李先生既然是外商公司的銷售人員，那麼他的素質應該很高，工作起來給人的感覺應該會很專業。

的確，在這家外商公司內部，對所有銷售人員的培訓都是相當有規範的，而且還有固定的展示流程。既然是給別人上課的人，規範是必要的。但是在具體的商務溝通中，若是過於中規中矩，難免會讓客戶覺得有些累贅。

不幸的是，這位李先生卻像是在A公司辦起了講座。他從公司什麼時候開始創業講起，一直講到目前公司的規模，以及現在又增加了什麼新技術和產品，簡直就是來給自家公司做廣告。

更令人不解的是，在這期間，他竟然還穿插了一些與專案無關的事，比如早上趕到公司，可以喝免費牛奶。

李先生足足用了一個小時，講了一些無關緊要的事。最後，A公司的專案負責人實在忍無可忍，便打斷了他。李先生最後只能用三十分鐘，介紹跟這個專案相關的事情。

很顯然，A公司對銷售人員所在的公司沒有信任上的問題，因為在此之前已經了解得非常清楚。那麼，對於這位銷售人員而言，在解決了信任的難題後，必須面對的一個關鍵問題就是：「我能為客戶帶來什麼價值？」

可惜的是，很多銷售人員往往不能直接給客戶一個理由，告訴對方「為什麼我的產品或服務是最適合你的」。如果你講的東西，客戶完全不感興趣，說得再天花亂墜也沒用。

談話中，為了增進感情你可以侃侃而談，但請一定要讓對方明白：你能做到什麼，你能給對方帶來什麼。我們常說**溝通其實就是要學會換位思考**，**試圖了解對方的想法，而不是去說服對方同意自己的想法**，這樣才能避免各執一詞、互不相讓。

人都是自戀的，所以**溝通的最好辦法，不是自己想說什麼就說什麼，而是在了解對方的想法後，再決定該說什麼，又該怎樣合理的傳遞自己的想法**。

很多時候，資訊的傳遞並不在於多，而在於準確。當雙方都得到滿足，就請及時結束談話，再多的話不僅沒有任何意義，還會讓對方反感。說話恰到好處，沒有一點多餘，往往會給人一種舒服的感覺，這樣的談話也令人印象深刻。

3 為自己爭取利益，要站在對方的立場

站在對方的立場說話，我們才能與人交流得順暢，才能被別人認可。

有效溝通的核心，不在於結論是否正確，也不在於想法是否有個性，而在於能否站在他人的立場來考慮問題。

有一次，著名的人際關係學大師卡內基租用了某飯店的大禮堂來講課。沒過多久，他突然接到通知，說租金要增加三倍。為此，卡內基決定去和飯店經理交涉一下。

卡內基對經理說：「我聽說租金要增加三倍，如果我是你，我也會那樣做。因為你是飯店經理，你的職責便是盡可能使飯店獲利。」

緊接著，卡內基又為這位經理算了一筆帳：「將禮堂用於舉辦舞會、晚

會，在短時間內，可能會獲得更多的盈利。但是你要知道，來聽我講課的人基本上都是各個企業的中層管理人員，而且他們也是你們飯店的潛在顧客，最重要的是，範圍之廣、人數之多，這可是你花五千美元也買不到的活廣告啊！那麼，經理先生，你認為怎樣對貴飯店才更有利呢？」

經理一聽，馬上取消了增加租金的要求。

卡內基並沒有就租金問題直接跟對方進行討價還價，而是先站在對方的立場，從經理的職責、飯店的長遠盈利說起，這樣一來，不但減輕對方的敵對情緒，而且促使經理立刻收回了原定計畫。

其實，這完全是人之常情。若是做個簡單的換位，想必你也會有這樣的疑問：「我為什麼要相信你的話？」、「你的經驗跟我有什麼關係？」、「你的建議對我有什麼好處？」

所以，在一段對話中，你得站在對方的立場與其溝通。相反，若是像學術報告一樣，反而會帶來很多溝通上的障礙。例如，公司裡某個女同事買了一件新衣服，喜孜孜的跑來跟你炫耀，EQ高的人往往會隨口問一句：「這衣服多少錢呀？看起來很不錯呢。」然後誇讚對方有眼光、款式選得好、衣服也高檔、價格也合適。

可是，EQ低的人很可能會冒出這麼一句：「哎呀，我昨天在家附近的超市看見這件衣服，正打折呢！便宜得很，妳被人騙啦，買貴了。」說完還不好意思的吐一下舌頭，說：「妳別生氣啊，我這人妳是知道的，沒有什麼壞心眼，就是性子直了點。」

我們常說一個人說話有涵養，是指在遇見問題時，能夠控制好自己的情緒，首先站在別人的立場想問題。這樣說出來的話、做出來的事，才可能圓滿，而這樣的人也容易被對方所接受。

一個人見人愛的人，並不是要做老好人取悅每一個人，而是能夠盡量顧及大多數人的感受，把每一件事情都辦得妥妥當當，把每一句話都說到對方心坎上。這樣的人自然能交到更多的朋友，變成一個更受歡迎的人。

4 讓對方相信那是他的想法

如果你能把觀點裝到別人的腦袋裡，就能把機會裝到自己的口袋裡。

每個人都喜歡按照自己的意願去做事情，可是，如果你不能得到老闆或者客戶的支持和信任，那麼即使你的想法和解決方案再出色也沒用。

當你的觀點明明是正確的，卻怎麼也說服不了對方時，不妨在不知不覺中，把這個想法裝到對方的腦子裡，讓他產生興趣，進而去探索。**如果你能把觀點裝到別人的腦袋裡，就能把機會裝到自己的口袋裡。**

威廉是一家服裝圖樣設計公司的銷售，在他工作的前三年裡，幾乎每個週末，他都會去紐約找某家公司的A老闆。威廉說：「雖然A老闆每次都見我，但他從來沒有買過我的圖樣。」

在經歷了幾百次的失敗之後，威廉決定研究如何影響別人的行為，以及如何讓別人接受他的設計理念。之後，威廉想出了一個方法。

威廉拿了幾張設計師還沒有完成的圖樣，來到A老闆的辦公室，對他說：「先生，我這裡有幾張沒有完成的圖樣，請您告訴我，怎麼才能讓它符合您的要求？」

A老闆仔細的看過圖樣後，緩緩的說：「這樣吧，你先把這幾張圖樣放在我這裡，我考慮一下，過幾天，你再來找我。」

幾天後，威廉又來到A老闆那裡把圖樣拿了回去，依照A老闆的意思進行修改。果然，A老闆接受了他的設計圖樣。

自從這筆生意成交後，A老闆又陸續訂了十張圖樣，威廉就這樣賺了一筆金額不小的佣金。

之後，當威廉說起自己的這段經歷時，感慨的說：「後來，我終於知道自己過去失敗的原因了。因為我總是給客戶我認為他需要的圖樣，卻從未考慮過客戶的真實想法。現在，我讓客戶提出他的意見，讓他認為那些圖樣是他自己設計的。就算我不要求他買，他也會主動買的。」

讓別人去做他們不想做的事情往往很難，如果你想影響別人，讓別人贊同你，就請遵循這條原則：**讓對方相信那是他們自己的想法**。為此，你一定要有耐心，只要你慢慢做，你的想法就會很自然的出現在對方的頭腦中。

你對自己觀點的表達，遠沒有別人替你說出來更有效。假如你想得到別人的贊同，就要引導別人跟你擁有相同的觀點，而不是硬生生的將自己的觀點，塞進別人的腦袋裡。

5 沒有你要的，但引導你喜歡我提供的

雖然每個人都有自己的立場，但是通常也留有被引導的空間。學會異中求同，看似不需要的人也會買你的東西。

任何賣家都不可能滿足客戶的所有需求，這是銷售市場的一個常識。如果你的產品或服務滿足不了客戶的某個需求，那麼千萬不要因此失去信心，或者陷入自己的產品或服務，不能滿足客戶需求的思維框架裡，而是要主動尋找替代方案。一個好的替代方案，完全可以讓你化被動為主動。

最近，Z小姐收到一張宴會邀請函，上面特別標明：請穿著正式服裝。可是，打開自己的衣櫥，Z小姐傻眼了，幾乎沒有一件是穿得出門的。

Z小姐情急之下，只好打電話詢問一位「萬事通」閨密。當對方告訴她

穿什麼得體後，Z小姐立馬走進一家服裝店。一進門，她就直接跟店員說：「我想買件黑色帶蕾絲的長袖洋裝。」「哦，您是要找黑色的洋裝，對嗎？」店員走到一排衣架前，取來一件黑色的洋裝。

Z小姐看了一下，說：「我要帶有蕾絲的。」「哦，帶蕾絲的嗎？」店員又走向另一排衣架，取來一件有亮片的黑色洋裝。

Z小姐看了一眼，似乎覺得不錯，但她還是提醒店員：「這是有亮片的。有沒有帶蕾絲的？」店員無奈的說：「很抱歉！」但是轉而又加了一句：「可是我們有一條很好看的紅色披肩！」

說著，店員把紅色披肩拿過來，和洋裝搭在一起，又說：「妳看，這麼搭是不是很好看？冷的時候，就可以把披肩披上，不冷就不披。妳皮膚又這麼白，穿這種沒有袖子的洋裝一定特別好看！」

Z小姐被說動了，去試衣間試了一下，效果果然不錯。結果，Z小姐買下這件帶亮片的黑色洋裝，外加一條紅色披肩。

Z小姐原本是來買黑色蕾絲洋裝的，可是，當她提出「黑色」、「蕾絲」、「洋裝」這三個條件時，店員卻拿來一件黑色洋裝，暫時忽略了「蕾絲」。

這位店員的做法是不是違背了Z小姐的意願？其實，店員的做法還談不上違背，只是有意引導Z小姐在每一個購物階段的重點。

那麼，店員為什麼要這麼做呢？很可能是因為她心裡非常清楚，店裡沒有任何一件衣服符合Z小姐的要求，但是聰明的店員是不會直接告訴客戶「沒有」的。

相反，她懂得傾聽客戶的要求，並且能夠快速的把客戶的要求拆分成不同的組合，再試著一步一步的在各種組合中，找出一個客戶可以接受的替代方案。

這其實就是異中求同的妙用，即打破原來對自己不利的形勢，轉而讓自己的優勢符合客戶的需求，最終客戶自然也就接受了你的替代方案。當客戶指名道姓要〇〇品牌，而你又不能滿足對方的需求時，就可以試試這個方法，推薦另外的品牌給客戶。

每個人都有自己的立場，但通常也留有被引導的空間。如果勤加練習，漸漸的就能把對方一步步引導到雙方可以達成共識的地方。

6 要獲得認同，一開始就要誘導對方說「是」

當你希望別人同意你的觀點時，不要一開始就與對方爭論，而是以雙方都同意的觀點作為開始。

在與人交談時，很多人經常一開口就談論雙方可能存在的分歧。其實，在談話的開始，說一些對方認同的事情，往往能讓對方忽略分歧，願意接受你的意見。讓我們先來看這樣一個例子：

伯恩是某銀行的職員，曾用讓對方說「是」的技巧留住了一位顧客。「那天上午，一位客戶跟我說，請我幫他在銀行開一個帳戶，於是，我遞給他一些例行手續的表格，這位男子毫不猶豫的拿起筆，在表格上填了起來。填著填著，他的表情很不對勁，看樣子是對某些問題很不滿意，似乎不大願意繼續下去。

「如果沒有那些個人資訊的話，我們是不會給客戶開戶的。如果有哪位客戶不懂這個程序，我也一定會詳細的告訴他。在過去我就是那麼做的。那樣做是在無形中告訴客戶，在這裡，我們說了算，這是銀行的規定，誰也不能改變。但是，我後來卻不再那麼想了。來開戶的人希望在這裡被尊重，這才是重點。

「於是，那天上午，我決定不再跟這位男子談論銀行的一些規定，而是換一種表達方式。因此，我對這位男子說：『你拒絕填的那些資訊，並不是非填不可。可是，讓我們做一個假設，在您去世後，銀行是否有責任把這筆錢轉到您的繼承親友那裡呢？』

「男子做了肯定的回答。

「我又繼續說：『如果我們事先已經知道您最親近的人的名字，當遇到這種突發事件時，處理起來是不是很方便呢？這樣我們就能迅速而準確的實現您的願望，您對此是不是很滿意呢？』

「男子又做了肯定的回答。

「就這樣，這位顧客的態度一點點的改變了，因為他了解到銀行會有這樣的規定，不是為了別的，完全是為客戶著想。」

不僅如此，那天上午，這位客戶在辦完開戶業務後，還聽了伯恩的建議，開了一個信託帳戶。他把妻子填為受益人，並且很配合的回答了所有關於他妻子的資訊。

如果一開始就讓對方說「是」，往往會讓他忽略爭執，樂意接受我們的意見。因為當一個人說「是」時，身心會處於一種歡迎和開放的狀態，容易接納我們的意見。而當一個人說「不」時，他所表達的並不只是一個詞，或許他的身心都處於一種抵觸狀態，抗拒接納別人的觀點，這似乎能使自己顯得更重要。即便日後意識到自己的否定並不正確，但考慮到自尊心，仍然會堅持己見，其實這完全是一種緊張的心理狀態。

所以，**當你希望別人同意你的意見，或許在開始談話時，不要一開始就與對方爭論，而是先說一些對方認同的事情。**無論你面對誰，如果對方在一開始就說

「不」的話，你就要有足夠的耐心，想辦法來轉變這個態度。換句話說，就是不斷的讓對方說「是」，而不要讓他說「不」。

在商務場合中，爭辯往往是行不通的，只有**從別人的角度來看待問題**，讓對方說「是」，才會得到你想要的結果。

7 學會處理「被拒絕」

在生活中，我們常會遭到拒絕。一次又一次的被拒絕，才是你的勇氣和進取心的最好證明。

每個人在這個世界上都有兩個角色——買家和賣家。如果你是賣家，自然容易遭到一些拒絕。同樣的，如果你是買家，那你自然也會拒絕別人。拒絕別人，是很多人這輩子都繞不過去的一個坎。而被別人拒絕，也會讓很多人覺得非常難堪。遺憾的是，一旦被拒絕後，很少有人能夠冷靜下來尋找解決問題的辦法。

以銷售為例，無論你多麼努力，只有一〇%的客戶願意很快和你成交，至少有三〇%的客戶不會和你成交，而剩下六〇%的客戶，就需要你運用正確的方法來爭取。所以，當你果斷的篩選掉不合格，或根本不可能與你成交的客戶以後，就要運用靈活的策略與技巧，來應對那些不斷給你製造麻煩的六〇%客戶。為了化解客戶的抗拒，最重要的一條原則，就是**利用事物的兩面性，化缺點為優點**。

那麼具體該怎麼做，才能化缺點為優點呢？方法其實很多，比如當你的客戶不停抱怨「你的東西太貴」時，你可以告訴他：「是的，我們公司的產品的確偏貴，但是我們公司的產品是市面上最好的，只有真正好的產品才敢賣高價。您說對不對？」

如果客戶不屑的說：「你們公司是小公司，我是不會跟你們做生意的。」這時，你可以說：「是的，正因為我們是小公司，所以才格外重視這筆生意，才重視客戶、在乎客戶。」當客戶只有看到某一面時，你要讓他看到另一面。

這樣的情景時常發生，不管作為哪一行的銷售者，總免不了遭到客戶的冷眼和拒絕。其實，**天底下根本沒有永遠的拒絕，你只是暫時不被別人接受而已**。下面就是一份清單，列出關於拒絕的幾條非常重要的法則，當你再次被別人拒絕時，就能以完全不同的方式應對了：

▼ 現在拒絕你，並不代表永遠拒絕你。
▼ 不要害怕被拒絕，有時候這其實是對你的肯定和褒揚。

▼ 拒絕反映了拒絕者的個性，與被拒絕者無關。就算史蒂夫・賈伯斯（Steven Jobs，蘋果公司的聯合創始人之一）這種開發產品的天才，也會看錯人、做錯事。

▼ 不要先陷入沮喪的情緒，而是應該先問「為什麼」，誰知道之後會發生什麼呢？

▼ 當你被拒絕時，不妨用一個全新的方案再次吸引對方，而不是直接放棄。

▼ 即使被拒絕，也要繼續思考這個想法。當你把拒絕轉化為動力時，事實自然會說話。

▼ 如果你遭到拒絕，不妨改進一下你的方案，設計一個更好、更實用的方案，再進一步陳述你的觀點。若你的水準提升了，對方想拒絕都難。

▼ 有時拒絕很可能意味著，這是一個非常規、有創意的想法。

總之，當你不再害怕被別人拒絕時，這種態度會在你與他人的人際關係中放大，自然會為下一次的合作埋下伏筆。

8 六個引起反感的發語詞

在某些情況下，如果題外話說得太多，對方反而會以為你是在拖延時間，甚至產生反感情緒，影響交談的順利進行。

在有些**商業談判場合，我們應直截了當的切入正題**。但是，很多人在切入正題前，總是喜歡說一些繁瑣冗長的托詞，比如：「我原來還認為……」、「我們也許可以……」殊不知，這樣做的後果很可能是別人談得火熱，而你卻不知不覺丟掉了表達個人意見的機會，從而讓自己的溝通效果大打折扣。

事實上，在你的頭腦中早已儲存了成千上萬的詞語，學會喚醒這些詞語，讓你的講話聽上去更有力，才是你當下最需要關注的。要知道，在某些情況下，如果題外的客套話說得太多，對方反而會以為你是在拖延時間，甚至產生反感情緒，影響交談的順利進行。而且很多時候，我們要學會巧妙運用言辭，避免說一些毫無意義的話，才不會讓自己變得被動。

要想改掉這些不恰當的言辭並不難，只要靈活運用下面這些法則，你就可以從容自如的表達出自己想要表達的觀點。

1 用「而且」、「如果」取代「但是」、「可是」

面對客戶的某個想法，如果我們持贊成態度，溝通過程自然會比較順暢，但是也不排除對方的觀點有待斟酌、欠考慮的一面。在這種情況下，如果我們直言不諱的跟對方說：「這個想法很好……但是你必須……」這樣，被對方認可的可能性就會很低。

這種時候，千萬別急著全盤否定對方。不妨先表達出你對對方的讚賞，在肯定對方的同時，再說一個具體的方案或建議，比如：「我覺得這個建議很好，而且，如果再稍微改一下的話，或許會更好……。」

2 避免說「老實說」

在商務場合，免不了要對各式各樣的建議進行討論。在某個開會的場合，如果你真心誠意的對一位同事說：「老實說，我覺得……」那麼，在別人看來，你都是在特意強調自己的誠意。儘管你是一個非常有誠意的人，但是為什麼非要特別強調一下呢？與其如此，不妨直接說：「我覺得，我們應該……」這樣的溝通效果會更好。

3 不要說「僅僅」、「只是」

很多人在會議上提建議時都會說：「這僅僅是我的一個建議。」想必此言一出，反而會讓聽者感覺你不夠自信。不僅如此，就連你的想法、功勞包括你的價值都會大大貶值。相反的，如果換成這樣說：「以上，就是我的建議。」效果就會大不一樣。

4 不說「錯」，而說「不對」

在一次商務會談中，你的一位同事因為粗心大意，把一個設計方案給弄錯了，正在向客戶道歉。如果你恰好發現他犯了這個錯誤，而且毫無顧忌的在客戶面前，數落起同事的失誤：「這件事情是你的錯，你必須承擔責任。」你的這種做法只會引起對方的厭煩心理。雖然你這麼做是想調和雙方的矛盾，避免發生不必要的爭執，但是非但沒有處理好問題，反而會引發更大的問題。

為此，你不妨把自己的否定態度表述得再委婉一些，實事求是的說明你的理由。比如，你可以這樣說：「你這樣做的確是有不對的地方，你最好能夠為此承擔責任。」

5 避免說「本來……」

在一次商務會談中，如果你和你的談話對象在某件事情上各持己見，此時，你又輕描淡寫的說了一句：「我本來是持不同看法的，算了。」這種看似不起眼的言辭，非但不會點明你自己的立場，還會讓你失去主動權。其實，你完全可以直截了當的說：「對此我有不同看法。」

6 用「幾點整」取代「幾點左右」

在商務電話中，如果你對生意合作夥伴說：「我在這週末會再打電話給您。」一想必此言一出，對方會想：他很可能並不想立刻決定。一旦對方有這種想法，那麼你在對方心目中的形象就會大打折扣，而且對方會覺得你的工作態度不認真，不值得信任。

與生意上的夥伴進行電話溝通時，在有關時間的問題上，務必要講清楚具體的時間。因此，你最好這樣說：「○○先生，明天十點整，我再打電話給您。」

第十章

不著痕跡的抓住表現機會

1 開會的時候沉默，做到死沒人在乎

不管你之前的發言是否盡如人意，請忘掉。這會有利於你重新投入下一場會議。

開會，向來是職場生活的重要組成部分。一項調查結果顯示，幾乎六成的人每隔一天就要開一次會。關鍵是，有價值的工作往往可以透過小組討論、專題討論會，以及會場休息時的非正式交談來完成。

在大大小小的會議中，眾目睽睽之下，很多人常擔心自己的發言會語無倫次。一說到開會，他們就緊張到不行，之前準備的話也會忘得一乾二淨，發言沒有重點，讓人摸不著頭緒。但與這些尷尬相比，猶豫不決的表現更糟糕，特別是之前的失禮與愚蠢，會讓你瞬間變得極度膽小自卑。

其實，說錯話、辦錯事原本就是人之常情，我們每個人都避免不了。**即使你**

之前很多的發言都不盡如人意，也請忘掉，盡量展現出敏銳、專心的一面，這會讓你看起來更自信、更有能力，並且有利於你重新投入下一場會議。

當然，有很多細節是會議開始前以及會議過程中，你應該考慮到的，這樣才能給老闆，及與會人員留下良好的印象，例如：

▼老闆發言時，適當的予以回應。比如，積極的進行眼神交流，身體略微前傾，適當的時候點頭表示你已經聽懂了。在點頭的同時，回應「對、是」等，能夠立刻拉近你與老闆之間的距離，給對方留下一個好印象。這些通常是最難進行掩飾的語言，所以，你的態度一定要真誠。

▼表達自己的觀點，是會議中的重要技能之一。你可以觀察哪些人的表達方式讓你更願意接受、哪種語氣令人感覺不舒服、哪種反駁方式更有力度。學習身邊的人，別人就能很快理解你的想法了。

▼在會議上發言時，可以一邊進行自己的闡述、一邊注視其他聽眾，尤其是那些直接關係到你此項工作成敗的主要聽眾。把自己和他們的關注點聯繫在一起，這樣說不定會取得意想不到的效果。

▼ 如果你想引起對方的注意，那就在**全神貫注的聆聽之後，針對對方的主題提出一個問題**，以此表示你很重視對方所講的話。

▼ 會場是很容易讓人出錯並難堪的公開場合。如果你真的出錯，而你的反應是尷尬、驚恐，只會讓你的無助更加引人注意。相反的，你可以說：「我不確定哪裡出了問題，不過我保證這種事不會再發生。」或者說：「我暫時不知道答案，不過我會研究一下，然後再回覆大家，好嗎？」你鎮定處理的能力，反倒會給你的形象加分。

▼ 在老闆需要大家集思廣益時，切不可沉默不語。否則，別人很可能會誤以為你沒有思考。尤其是職場新人，更要積極參與互動，表達自己的觀點。即便觀點很幼稚，甚至漏洞百出，你也要表達出來，這樣大家才能了解你的錯誤在哪裡，並幫你找到正確的方向。

2 開會有竅門，不留意會吃虧

會議室就像是跑馬場，眾目睽睽之下，每位參與者都能站在同一條起跑線上，得到展示自己的公平機會。

開會，是許多人經常面對的工作場景。會議室就像是跑馬場，眾目睽睽之下，每位參與者都能站在同一條起跑線上，得到展示自己的公平機會。

可是，並非所有人都能藉此機會迅速提升自己的形象。比如，有的人在朋友面前口若懸河，在會議上發言卻結結巴巴；有的人私下聊起工作常常是有條有理，開會時卻講得顛三倒四；有的人平時還會不時的展現小幽默，開會時卻如臨大敵、默不作聲……那麼，開會如何發言才能更精彩呢？很多時候，若是不懂其中的規則，你無疑會吃很多虧。

1 不要輕易把創意或想法透露給他人

在會議正式開始之前，你一定要控制住自己，不要急於談論你在某個問題上的觀點或解決方案。畢竟誰也不能保證，你絞盡腦汁想到的創意或解決方案不會被聽者拿走。

另外，也不排除有些人天生擅長融合兩個觀點，特別是當其中一個觀點屬於別人時。雖然這麼做很不光彩，但是這些人偏偏能厚著臉皮，在公開場合陳述「他們的」觀點。一旦某個觀點在會議中被提出來，它就永遠和提出它的人連在一起。所以，不到關鍵時刻，最好不要把你的創意或想法隨便告知他人。

2 避免在會議前後抱怨

許多人喜歡抱怨會議的計畫或安排，其實這對你沒有一點幫助，還很容易被別人聽到，給你貼上「不滿現狀」的標籤。而且，與那些同樣愛說這種話的人比起來，顯得你更愛發牢騷。就算你忍不住怒火，也要等到遠離與會人士之後再抱怨，至少不要在會議開始前或結束後抱怨。

3 有理未必就能走遍天下

在會議上發言，切不可以為有理就能走遍天下。要知道，在開會這種場合，用什麼樣的方式表達才是最重要的。別人發言時，就算你再反對、再想辯駁，表面上也要保持冷靜、不動聲色。

4 和誰聊天很關鍵

在會議開始前或會議結束後，大家都會處於相對放鬆的狀態，這時恰好是你和平時不常接觸的老闆或同事交談的大好機會，所以，這種時候要盡量避免和熟人在一起閒聊。

3 會前會後反而是重點

會議開始之前或結束之後的談話一定要簡短，不要深入的談論某一個話題。

說到開會，很多人總覺得很簡單，只要聽老闆發言，然後鼓掌就行了。其實，在會議開始之前或結束之後的談話，藏著不少學問。

由於這種溝通場合很特殊，所以在會議開始之前，你可以只講一些空泛的內容，直到會議正式開始為止。一般來說，此時的**談話一定要簡短，不要深入的談論某一個話題**。可以聊一聊以下這些話題：

- 最近發生的奇聞趣事。
- 某本暢銷書。

▼ 最新的電影。
▼ 藝術品。
▼ 搞笑的娛樂節目。
▼ 最近不具爭議性的新聞。
▼ 某個新軟體的優點及缺點。
▼ 太空旅行。
▼ 比較流行的健身運動項目。
▼ 和天氣相關的話題。

不過，也不要低估這些話題對其他人的影響。在這種情況下，舉凡EQ高的人，說話總是體貼得宜，能夠將自己的情緒控制得很好，也能照顧到別人的情緒。他們善於了解他人的想法，特別是上司的想法。

另外，由於你不知道話題何時會認真起來，或是自己何時會被打斷，所以一味的談論你或別人的假期、你或別人的興趣等話題都是不合適的。

當然，也並不是什麼話都能說。在會議開始前或是會議結束後，某些話題或許會使場面陷入尷尬，甚至使你和其他與會者都感覺不自在。下面這些話題，就是應該從話題清單中堅決剔除的：

▼抱怨工作或工作環境。
▼公然吵著要加薪或升職。
▼評論其他與會者的外表、行為、工作。
▼機密的事情。
▼與家人之間的矛盾。
▼批評同事、管理高層。
▼疾病。
▼冗長的故事。
▼低級的笑話。
▼政治話題。
▼宗教。
▼公司的薪資結構。

4 如何處理會議殺手

發言不是靠咄咄逼人獲勝，一時口快也只能暫時占上風。很多時候，說話的語氣比說話的內容還重要。

開會，是職場生活的一個重要組成部分。可是，在大大小小的會議上，總會潛伏著一些「殺手」：他們總是表現得咄咄逼人，不顧及別人的面子；常喜歡唱反調；在別人講得好好的時候，硬是打斷人家的話。接下來，我們就教大家如何用一句話，來化解會議中可能遇到的難題。

「會議殺手」的表現之一是咄咄逼人，最常見的做法就是聲音蓋過別人。幾乎所有會議中都會有這種人，他們總想著主導討論方向，甚至是掌控整場會議，卻很少顧及其他與會者的感受。

發言不是靠咄咄逼人獲勝，一時口快也只能暫時占上風。很多時候，**說話的**

語氣比說話的內容還重要。有時，不是你說了什麼惹怒對方，而是說話的語氣讓對方覺得不舒服。說話之道，就是做人之道，需要長期修煉才能真正的內化。

對待這種說話咄咄逼人的人，你可以在會議前幾天就找他談談，和他做一個簡短的交流：「傑克，會上你一定有些話要說，不過我也想聽聽約翰會講些什麼。」很多時候，你的暗示很可能會對某人的行為產生影響。

如果這種情況發生得比較突然，你可以用間接的方式說：「你有沒有注意到米亞、漢斯在會議上很少講話？我認為我們有必要鼓勵他們多發表意見，你覺得呢？」、「你說，我們是不是應該設定一下每個人的發言時間，這樣我們就可以聽到那些從不開口的人的意見了。」

會議上，還有一類喜歡唱反調的「問題人物」，無論你提出什麼方案，他們都會用「行不通」這三個字來回應。如果你是會議主持者的話，在會議剛開始時，就應該給他們定下規矩：**任何唱反調者都必須在質疑的同時，提出一個解決方案**。當然，你也可以帶那些一向喜歡唱反調的人去吃頓午飯，讓他們在飯桌上發洩個夠，然後盡可能在會議桌上達成一致。

另外，如果你的小組中有人喜歡插話，那麼解決這個問題的最好辦法，就是單獨約這個人進行簡短的非正式交談。如果在會議桌上，這個人仍然存在這種行為的話，你可以溫和的說：「〇〇〇，你怎麼又來了？」你的語氣一定要很友善，當插話者覺得很尷尬時，自然不會再打斷你了。當然，你也可以對那些總是催促別人把話講完、沒有耐心的人採用相同的策略。

5 別直來直往，加點調味，一點一點

一場成功的演講，演講人所說的每一句話、所做的每一個手勢、所走的每一步，都是經過精心設計的。

英文裡，說一個人很吸引人，或是某個八卦很值得大家聊一聊時，常會用「非常可口多汁」（juicy）來形容。從聯繫到講話，就是不要把話講得很「乾」，一點「汁」都沒有，因為乾巴巴的話語會讓人想打瞌睡。

當別人問起你是做什麼工作時，如果你一五一十的告訴對方「我是一名心臟外科醫生」，很顯然，這樣的回答有點「乾」。雖說簡明易懂，但這種回答卻沒什麼特色，而且很快就會被對方遺忘。

如果你這麼答覆：「我會經常打開別人的身體，為了讓那個人多活兩年。」暫且不管答覆是否得體，單就「汁」來看，效果確實不錯。相較於回覆給對方一個乾巴巴的職稱，後者留給對方的印象一定會格外深刻。不過，這種答覆也要分場合，如果場合太嚴肅、很正式，就要酌情考慮了。

同樣，在演講這種場合，很多人常會因為自己枯燥的表現而苦惱。為什麼別人可以舌粲蓮花，講得非常生動，令人捧腹大笑或落淚，輪到自己時，講了半天，囉哩囉嗦，也不知所云。

當你用呆板的方式演講時，往往只會得到呆板的反應。但是，如果你用比較有滋味的方式演講，就很可能會得到比較有滋味的反應。說話多點調味，別人自然會看到你的另一面，而你要傳達的資訊也會更加有說服力。要想讓我們的講話有調味，就要做到以下幾點：

▼演講時，要避免拿著稿子讀，眼神交流和肢體語言都是優質演講的重要組成部分。像很多優秀的演講家那樣，演講時表情要豐富，言語間輕重緩急要有分寸，這種交流自然能帶給別人更多的舒適感，給人留下深刻的印象。

▼有一個有力的開頭非常關鍵，因為它往往決定著整場演講的成敗。為拉近

與聽眾之間的距離，你可以用一件奇聞趣事，或是一段個人經歷作為演講的開頭。

▼練習，練習，再練習。無數次的練習是你成功的關鍵。面對鏡子，反覆錄音、修改，才能讓你的演講更富有吸引力，從而讓你更富有魅力。

總之，**一場成功的演講，演講人所說的每一句話、所做的每一個手勢、所走的每一步，都是經過精心設計的。**

6 你的熱切要比內容更撩動人

如果你能夠將自身的情緒充分撩動起來，聽眾的注意力就會被你牢牢的吸引。

在眾多演講成功的案例中，起決定作用的往往是演講者的熱情。從蘇格拉底到羅伯斯比爾（Robespierre，按：法國大革命的領導者），從馬丁．路德．金恩（Martin Luther King, Jr.）到歐巴馬（Obama），他們的演講精彩絕倫，有些甚至影響了歷史的發展。將熱情注入演講之中，演講者將樂在其中。聽眾也總是容易被熱情四射的演講者吸引，且喜歡聚集在他們身邊。

在每個人的內心深處，都是富有熱情的。演講時，你的真實情感在一進場的瞬間就會流露出來。這是一種自然的流露，也是一種可以感染他人的流露。只不過在現實生活中，很少有機會能表現出來。而且，大多數人也不願意將自己的感情當眾流露出來。這也意味著，**如果你能夠將自身的情緒充分撩動起來，聽眾的注意力就會被你牢牢的吸引，你也就掌握了開啟聽眾心靈之門的鑰匙。**

那麼，在一個大家都非常投入的氛圍中，又該如何將熱情激發出來，從而讓自己變得有吸引力和號召力呢？具體應注意以下幾點：

- 演講前要設法了解聽眾的需求。根據聽眾的興趣來演講，可以有效抓住聽眾，也可以使自己儘早進入演講的角色，這是成功演說的關鍵。
- 開場一定要與眾不同，確切的說，一定要在開場時就抓住聽眾的注意力。你可以用一則小故事，或中外歷史上有影響的事件開場，也可以在講話之前展示一件物品，這會讓在座的聽眾挺直身子，忍不住猜想：他要表演魔術嗎？無形中，你就激起了聽眾的好奇心。
- 對你的演講題目一定要有深刻的感受。試想一下，如果你對自己的演講題目都沒有特別的偏愛，那麼如何讓聽眾相信你呢？其實，要讓人們對你演講的題目感興趣，方法很簡單，只要你自己對演講的題目與內容擁有滿腔熱情，並充滿熱忱的談論它，就不愁無法激發聽眾的興趣了。

▼要用自己的真實感受來描述。你將自己的感受描述得越清楚，就越能生動的表達自己的內心情感，這種切身感受會使你的講述更加明確，表達效果也更佳。

▼當你走上演講臺時，一定要讓聽眾感受到你談論這件事的強烈願望：「我現在就要給聽眾講一些有價值的事情。」如果你表現出熱情，就會擁有熱情，而聽眾也就很容易被你內心的熱情所感染。

▼結束語的重要性更是不言而喻，精彩的結束語好比與人話別，能引人深思，贏得聽眾感情上的共鳴。

當眾講話並非多麼困難的事，你需要做的只是保持輕鬆、樂觀的心態，並熱情洋溢、傾力投入。這種心態將引領你體會當眾講話的快樂，並最終走向成功。

7 當眾說話要給個有力的結尾

如果你的演講從頭到尾都很有意思，那麼你就能更容易的使他們記住你所說的內容，以及你希望他們做的事情。

一場好的演講就像是一齣好戲、一首好歌、一本好書，開始時能吸引聽眾的注意，中間一步步的展開，最後是一個強而有力的結尾。和整場演講的其他部分比起來，**結尾時的話如果說得好，就能給聽眾留下深刻且美好的回憶**。下面所列的方法可以漂亮的結束演講，把你的演講要點深深的印在聽眾的腦海中：

- 為了確保演講結尾有一個震撼的效果，就要字斟句酌的認真準備結束語，這樣聽眾的印象才會深刻，聽了之後才會有所行動。
- 不論最後說什麼，都要讓聽眾知道你希望他們聽完演講後做些什麼，這一點非常重要。在接近結論時，說話要強而有力，突出重點。

▼我們總是喜歡把聽過的事情做個總結，所以，接近演講結尾時，你可以這麼說：「請允許我簡單的重複一下今天所講的重點……」然後，逐一列舉出演講中提到的幾個關鍵字，並讓聽眾明白這些要點之間的聯繫。

▼如果你的演講需要營造出一種歡樂愉快、熱情洋溢的氣氛，不妨用幽默的方式結尾。當然，在結束演講時，你的語言一定要自然、真實，而不是矯揉造作、裝腔作勢，否則會引起聽眾的反感。

▼演講快要結束時，一個簡短而意味深長的故事，會讓聽眾對你的演講回味無窮。切記，不要把寓意留給聽眾自己去猜。

▼人們都喜歡受到激勵，得到啟發。所以，不妨用富有啟迪性的話語來收尾。而一首鼓勵的詩，或是一句勵志的名言，往往能夠讓聽眾獲得力量和勇氣。

▼如果你的演講已經收尾，就要確保自己安靜的站在那裡，切不可說「這就是我今天演講的內容，謝謝大家」之類的話，也不可做與結束演講無關的

事，比如收拾演講稿，擺弄衣服或麥克風，前後左右晃動，或是乾脆做別的事情。

當然，結束演講的方法也並非僅限於此，可以隨著時間、地點、聽眾的變化而改變。究竟運用什麼方法，由演講者隨機決定。若是生搬硬套某種方法，只會適得其反。

第十一章

99%的人不懂如何和家人表達

1 你對同事、客戶說話，都比對家人客氣

你怎樣對待客戶、老闆或陌生人，就以同樣的態度對待家人。

在日常生活中，我們都有這樣的經歷：同一件事，對陌生人往往彬彬有禮，對家人卻任性無禮；同樣一句話，對陌生人可以心平氣和的說出來，對家人卻歇斯底里起來。在對我們施愛最多、關懷最多的家人面前，卻經常消磨掉我們的耐心與溫柔。

現實生活中，**會不會與家人聊天往往不是能力的問題，而是習慣的問題**。

一個女同事講話極為溫柔，尤其是遇到急事時，大家都像熱鍋上的螞蟻，個個面紅耳赤，說話又急又氣，唯有她，始終溫和柔順。

後來，大家無意中聽到這位女同事接到家人打來的電話，話語裡夾雜著

各種指責、埋怨、不耐煩，還打斷家人的話，像變了一個人似的。

可是，當她放下電話後，又恢復到接電話前的那副神態：沉靜、安寧、溫婉。同事無不吃驚於她的「假面」，以及她面孔轉換之迅速。

如今，很多家庭都深受這個問題的困擾：家人之間越來越缺乏溝通。當我們跟很久才見一次面的同學、朋友在一起時，很容易就可以讓聊天氣氛熱鬧起來，但是一回到家裡，就會發現話題嚴重匱乏，而且聊天的興致大減。

正如這位女同事一樣，對待同事總是客客氣氣，但一踏進家門，就會收起笑臉與溫柔的話語。也許這才是她在生活中最真實的一面，而她也已經習慣在公眾場合，為自己戴上溫柔的面具。時間久了，大家就會以為那才是真實的她，她也應該是那個樣子。事實上，大家都被她的假面具給迷惑了。

很多時候，我們的察言觀色好像都是留給外人的，對待其他人的態度，比下班後對待家人的態度都要好。

面對至親至愛的家人，我們為什麼不能有話好好說？究其原因，是**家人的包容讓我們太放肆**，**而且我們自己並沒有意識到這一點**。很多時候，家人會出於愛的本能而包容我們，但我們卻無限放大自己的任性、挑剔、抱怨。結果，家人對我們的那份愛永遠不會變質，被家人原諒也就成了唯一的結果。

倘若有一天，家人離我們而去，這世間獨一無二的愛就再也找不回來了。那一刻，我們的心該有多痛？在這樣一個能給予心靈安全感的環境裡，我們很容易忘記怎樣好好說話，以致常常對家人使用嘲諷、歪曲、貶低的語言。

從現在開始，在珍貴的相處時光裡，就請對你的家人溫柔講話，哪怕給予小小的讚美、摸摸頭或拍拍肩膀，都是極好的肯定與關愛。與此同時，一定要收回粗暴的態度，以及不客氣的指責、怨懟等放肆言行。請記得，唯有溫柔的相處、溫柔的講話，才是與家人之間最恰當有力的表達愛的方式。

2 相對無語？就引導他聊聊自己

鼓勵對方談論他們自己，這是讓對方喜歡你的方式之一。

卡內基在《人性的弱點》（*How to Win Friends and Influence People*）中說過：「**鼓勵對方談論他們自己，這是讓對方喜歡你的方式之一。**」讓對方說出他想說的事，對方自然會心情愉悅。更重要的是，當對方感受到你是真心願意聽他說話時，便會感到滿足，然後才會有餘力聽你說話。那麼，和家人、朋友相處時，又該如何讓對方說他們想說的話呢？

比如，可以聊聊和對方生活有關的問題，但是千萬不要像個記者一樣追根究柢。以一句簡單的「你最近都在做些什麼」，或「最近過得如何」開頭，然後你只需要認真聆聽，就足以展開對話了。

如果對方的回覆是「哦，沒做什麼」，或「還可以吧」，那就把話題縮小到具體的事情上。比如可以這樣問：「你的司法考試準備得怎麼樣？」、「你是不是計畫要買二手車？」

當然，與家人、朋友在一起聊天時，我們一定要避免長篇大論的談論自己的事，而是應該盡量做到以對方為中心，跟著對方的思路走，並且留意他們的感受，是快樂、滿足，還是憂慮、難過、生氣、不舒服，然後再繼續聊天。

想要和家人、朋友做更好的交流，就要把對方看在眼裡、放在心上，根據你所察覺到的感受，對家人和朋友做出適當的反應。當然，這並不是說你也要變得憂心忡忡、悶悶不樂，而是說如果對方心事重重的話，就要避免談到你最近經歷的有趣的事情。

此外，最好和家人、朋友聊聊他們的生活中發生了什麼事，然後觀察他們的情緒，並試圖幫助他們找出這種情緒產生的原因。如果家人、朋友因為某件好事而心情大好，就算你並非很快樂，也要學會分享他們的喜悅。

3 一點一點分享感受，而非一次攤牌

在親密關係中，重要的是分享彼此的內在感受，如果總是強調自己的對與錯，那麼彼此的關係就開始對立。

生活中，我們每天都要經歷很多事，重要與瑣碎的，而且正是分享那些瑣碎的事，有助於建立人與人之間的聯繫。從心理學上來說，**當你分享你的感受時，別人往往也會分享他們的感受**。

可是，在很多親密關係中，我們常自以為已經非常了解對方，彼此之間卻缺少親近的感覺，這是因為我們沒有分享彼此的內在感受，所以並不親密，也不會覺得親近。當人們不再願意吐露真正的感受時，這段關係自然也就毫無生氣了。

從某種意義上來說，溝通就是與他人分享感受。如果一個人只在乎自己的感受，而不留意別人的感受，家庭關係就會變得緊張，甚至不再完整和圓滿。

在別人眼裡，芷歆有一個令人羨慕的家庭，也是一個幸福的女人。但是她的日子卻過得非常矛盾與痛苦。

芷歆和婆家的矛盾很深，她始終覺得在婆家沒有安全感，因此發誓有生之年絕不去婆家。有了兒子以後，她也不讓丈夫把兒子帶回婆家，甚至連爺爺、奶奶想看孫子也不同意。

為此，她和丈夫經常爭吵，甚至一、兩個星期互不說話。到最後，都是以丈夫主動和好而告終。平日裡，兩個人誰都不能提到婆家的事情，一提就會大吵一架，最後甚至鬧到離婚的地步。

親密，其實就是彼此分享感受。故事中這位女性的問題，就出在她只顧著滿足自己的需要，而不顧滿足他人的需要。她只在乎自己的感受，而沒有在乎愛人、兒子、公婆的感受。

一個人講話時，如果總是強調自己的對與錯，那麼彼此的關係就開始對立。溝通過程中一定要保持分享的心態，而不是操控和管制對方，這樣的溝通才是有效的。

比如，妳是個忙碌的媽媽，但是妳會在一個固定的時間，把手頭上的事情都放下，與孩子一同玩拼圖、打鬧，給孩子講故事，與孩子一起分享生活中的感受，認真的傾聽孩子訴說。堅持這種陪伴，妳的孩子一定會給妳一個大大的微笑，以表示他的滿足。要相信，孩子完全能體會到妳的用心和真誠。

當然，這並不是要求你分享自己所有的感受，也不是要求你無時無刻都這麼做，而是你自己心裡要清楚，家人、朋友就在那支持你，如果他們知道你發生了什麼事，可以給你提供最大的支持和幫助。

另外，也不是非要等到有大事發生時，才跟家人、朋友談話。每天都堅持與家人、朋友分享你的感受，才能拉近彼此之間的距離。如果你實在想不出可以聊的話題，那就從過去的事情中找。談一談共同擁有的回憶，往往更令人印象深刻。請記住，在親密關係中，知道分享感受的意義，避免誤會才是重要的。很多時候，親友之間最美妙的聊天，莫過於在「你一言、我一語」的氛圍中交心。

4 不談期待要求，把耐心留給親近的人

當家人和朋友向你傾訴時，請不要隨意打斷，最好聽他一次說完。

有些人與家人、朋友在一起時，話題總是源源不絕，他們腦子裡的話題似乎永遠不會乾涸。不過，這種善於言談的人畢竟還是少數。很多時候，越是親近的關係，反而越會麻痺我們進行良好對話的感覺神經，這時我們就得花一點心思，尋找可以和對方分享的想法或探討的話題。

那麼，何時聊天，聊些什麼內容比較好呢？建議大家不妨在吃飯時和家人聊天，而且盡量聊一些輕鬆的話題。一來，吃飯時，每個人的心情都處於放鬆狀態，也願意說話；二來，此時聊一些比較輕鬆的話題，如鄰里間的事情、明星的八卦新聞，也有利於深入展開聊天話題。

如果你實在想不到什麼新鮮事來說，不妨試試下面這些話題，也能讓聊天進行下去：

- 你或家人最近剛買的東西，比如手機、跑步機、衣服等。
- 書籍，可以是最近剛看的，也可以是看過不只一次的，或是從小就非常喜歡的。
- 居住環境的變化。
- 當前的興趣，比如吉他、鋼琴、魔術等。
- 園藝——如果你們雙方都有興趣的話。
- 你特別喜歡的事物：餐廳、食物、小玩意兒等。
- 彼此都有興趣的話題：房產、旅遊、最新上映的電影等。
- 正在準備的食物，最喜歡的食譜。
- 下週、下個月，甚至是未來幾年的計畫。
- 你或家人都觀看過的比賽或電視節目。
- 你們雙方都感興趣的時事新聞。

▼ 最近讓你們都覺得好笑的事。

▼ 居住地的天氣，以及它給你們帶來的影響。

當然，也有一些話題最好要避免談及，例如，建議對方應該做什麼、吹牛或貶損其他人、批評家人或朋友、追問家人或朋友賺多少錢、其他人的感情生活、讓其他人感覺不舒服的個人問題及真相，以及一些非常低級的笑話等等。

另外，**當你的朋友向你傾訴工作上的事情時，請不要隨意打斷，最好聽他一次說完**。雖說有時聽到這種事情，你會覺得煩躁，但是如果對方發牢騷了，最好的做法仍是傾聽和溝通。善待家人和朋友，就要多與他們溝通；愛家人和朋友，就要把耐心留給他們。

5 問點引人想像的問題

提問比回答更能展現一個人的能力。

先來問問大家，當你的家人或朋友回答完你的問題後，接下來你會怎麼繼續對話，是比較喜歡問「還有呢」，還是喜歡問「還有嗎」？

也許有人會說：「這有什麼區別嗎？」

「還有嗎」屬於封閉式問題，當對方聽到「還有嗎」的時候，往往會下意識的回答「沒什麼了」，話題就這樣悄無聲息的結束了。

而「還有呢」則屬於開放式問題，當對方聽到「還有呢」時，就會不自覺的主動聯想起來，進而多聊一聊自己的想法，雙方的話題也就能繼續聊下去了。

的確，良好的溝通都是從打開對方的話匣子開始的。當你和某人的聊天難以繼續下去時，為了鼓勵對方思考和繼續話題，你可以問對方「要是……會怎麼樣」這樣的問題。假如這個人是你已經認識好幾年的朋友，更能激發他繼續聊下去的熱情。比如：

「要是你明天有一百萬元，你會拿來做什麼？」
「如果你可以過另一種生活，你想變成誰？」
「給你三個願望，你會許什麼？」
「假設有一張可以飛往世界任何地方的機票，你想去哪裡？」
「如果你可以改變你過去做過的一件事，那會是什麼？」
「你最想預知未來什麼事？」
「你現在最想要的東西是什麼？」

提問比回答更能展現一個人的能力。比如，你去聽某個講座，在觀眾提問環節問了一個非常有水準的問題，那麼你就能引起主講人的關注，也會讓對方覺得你是知音，有想法，有見識。

另外，還有一類可以引人深思、富有想像力的問題，你也不妨一試，相信足以引來有趣的對話。比如：

「未來幾個月有度假計畫嗎？」

「你的父親或母親有沒有對你說過，讓你這些年來難以忘懷的話？」

「手相、占星術、算命這些你相信嗎？」

「你是怎麼對攀岩產生興趣的？」

「如果要你給大學畢業生一點建議，你會說什麼？」

「這部電影讓你想起了什麼？」

「下雪天你最喜歡做什麼？」

「你對你的故鄉印象最深刻的是什麼？」

「究竟是什麼原因讓你想當個調酒師？」

「什麼情境下，會讓你感到很無聊？」

「為什麼你會開始蒐集字畫？」

6 道歉最難，你可以換個說法

一個好的道歉就是治療關係裂痕的金瘡藥。

生活中，每天都會有不愉快的事情發生，可能是你和父母在某件事情上意見不合，而發生爭執，也可能是你一時口快，說錯話得罪了朋友。無論是雙方發生爭執，還是產生壞情緒，你都要懂得真誠道歉的諸多用途及好處。

道歉做得好，是可以增進感情的。在面對家人及朋友時，它往往是幫你增進親密關係的工具之一。

瑪麗和傑克是一對情侶。有一次，瑪麗不小心打碎傑克擺在書櫃上的一個雕像。不巧的是，這個雕像是傑克的一位已故摯友送給他的紀念品。

瑪麗的第一反應就是，把所有證據都藏起來，以避開傑克的責難。但是，她又覺得似乎應該老實的向傑克坦白，或許自己真摯的道歉會讓這個意外大化小，小化無。但是，她又對自己說：「這樣的道歉態度對兩個人的關係大概不會有什麼好處。」

猶豫再三之後，瑪麗覺得自己應該鼓起勇氣說出真相。於是她走到傑克面前，真誠的看著對方的眼睛，說：「親愛的，真的很抱歉，我不小心打碎了你的雕像。我知道它對你來說有多重要，我感到非常抱歉。我也明白，失去這樣一個珍貴的東西讓人多麼苦惱。我願意做任何事來補償你，請告訴我吧。如果你很生氣我也完全理解，真的對不起。」

這算得上是一個好的道歉。**知道自己做錯了什麼，給對方造成的傷害感到抱歉，並且提出補償**。做好這些，可以幫助你提升自己的價值，促進你與親人的感情關係。

有時候，道歉也是一件困難的事。如果你曾經收到一個不真誠的道歉，你就知道這種感覺有多讓人洩氣了。比如：「很抱歉，讓你不開心了。」這事實上是在責備對方有這樣不好的情緒。再比如：「我做錯什麼了啊？」、「為什麼我要認錯道歉啊？」這類表示自己委屈的話，只會加深裂痕。若是壞脾氣的拋給對方一句：「對不起！我說對不起！」這種糟糕的道歉方式，也是很難修補裂痕的。

如果你真心想要恢復你們之間的關係，可以試試下面的幾種道歉方式：

「你說得對，我不太顧及別人的感受。」

「其實，看到你不開心，我心裡也不好受，挺難過的。」

「我太不為別人著想了。」

「希望你可以原諒我。」

「要是我，我也會生氣的。」

「我保證，不會再發生這種事了。」

「我這麼做真是愚蠢至極。」

「你說得沒錯，我太自私了，是我不對。」

總之，當你做錯了事情，對別人造成傷害時，學會如何好好道歉是非常重要的。更重要的是，關心受害一方的情緒，也有助於培養彼此之間的愛與信任。

7 別讓孩子跟上功課卻丟下了你

就事論事，不要囉嗦。當父母說一堆話的時候，孩子往往很難抓住父母說話的重點。

很多家長原本只是想跟孩子聊聊天，結果呢？往往變成了說教，如下面這兩個例子：

家長：「今天在學校過得怎麼樣？」

孩子：「今天學了好多新東西。」

家長：「學新知識就對了，要多學知識，不然以後只能靠勞力過活。」

孩子：「……。」

家長：「今天過得開心嗎？」

孩子：「嗯，今天認識了一個新朋友，我們特別聊得來。」

家長：「交朋友可以，但不能經常一起玩啊，先把進度跟上了再說。」

孩子：「……。」

看吧，無論家長跟孩子聊什麼，似乎都能扯到學習上。其實孩子心裡只是想跟大人分享一下他的生活，最後卻無語收場。如果家長能夠真心的和孩子好好交流一下，他們跟你聊的話題或許有好多。那麼，父母和孩子說話時，究竟該注意哪些方面的問題呢？

1 學會傾聽

這裡的傾聽並不是指家長閉上嘴巴、乾巴巴的坐在那裡聽孩子一個人說，而是溝通時一定要有互動，哪怕是一個肯定和讚賞的眼神，也會讓孩子有興致的和你暢聊下去。

2 放低姿態和孩子聊天

在人格上，父母和孩子是平等的。家長應該學會放低姿態和孩子說話，在思想上與孩子平等的交流。這樣孩子才會有被尊重的感覺，也才會有聊天和訴說的欲望。

3 挑好時間

聊天也不是隨時就能聊得起來的。如果孩子正專心的看著動畫片，家長突然湊過來，換位思考一下，沒有人願意被打擾，結果肯定是敷衍了事。所以，與孩子聊天，也要盡量選在大家都心平氣和，而且沒有什麼要緊事的時候。如果家長確實有要緊的事找孩子談，那就讓孩子先停下手頭的事情，認真的聊天。

4 多用簡單口語，通俗易懂

有些父母為了讓孩子多學東西，講很多書面用語。其實，這完全忽略孩子的理解能力，只會使他們很難聽懂。所以，父母平時和孩子講話的時候，可以先從簡單的口語開始，並且多用肯定語氣。要記住，你面對的是孩子，所以需要站在孩子的角度去看待問題。

5 就事論事，不要囉唆

有些孩子有丟三落四的毛病，或是沒寫完作業就去看電視，遇到這些情況，很多父母經常掛在嘴邊的口頭禪就是「我跟你說過多少次了……」、「你就不能先……再……」，而且只要一說起來，就會翻舊帳，接二連三的說出孩子做的很多不合規矩的事。

當父母說一堆話的時候，孩子往往很難抓住父母說話的重點，不知道是該做自己的事，還是先讓父母消氣。這種情況下，父母說得越多，孩子左耳進，右耳出的可能性就越大。父母不妨試著要求孩子只做一件事，簡單明瞭的指明具體目標和任務就行。這樣孩子才會明白自己該做什麼。

6 少用複雜句、推理句

面對不按照父母意思做事的孩子，父母常會用「如果……就……」的句子。比如：「如果你不吃飯，我下午就不帶你出去玩。」、「如果你不乖乖睡覺，我就不給你好吃的。」其實，小孩子很難聽得懂這種因果推理句的真正意思，而且心裡還會有被控制威脅的感覺，結果只會讓你們的親子溝通效果變得更糟糕。

8 只是想說，並非想解決

當親人告訴你他們的問題時，不要急於提供解決方法或者建議，用心聆聽更有可能幫助他們解決問題。

溝通，就是要懂得如何說、怎樣聽，但最重要的還是聆聽。上帝給了我們兩個耳朵、一個嘴巴，就是讓我們多聽少說。尤其是家庭裡的親密關係，更需要靜下心來，用心聆聽對方的聲音。你要記住一點，**跟你談話的人對他自己的問題，要比對你的問題感興趣千百倍。**

但我們總是將關注點放在自己身上，只顧表達自己的觀點，而忽略了對方的感受。我們所謂的溝通只是你說你的、我談我的，每個人總想將自己的想法傳達給另一方，要求對方接受自己的想法。

雖說你有說話的權利，可是別人也有。雙方要進行溝通，就得不停的交換說者與聽者的角色。雙方都能暢所欲言了，才能坐下來好好的說話，將雙方的分歧降到最小。

試想一個家庭中，丈夫有很多話想跟妻子說，而妻子卻完全不感興趣，並表現出一副漠然的樣子。丈夫在表達的過程中就會不知不覺的提高自己的音量，希望得到妻子的關注，而妻子還是沒有給予任何的回應。這種冷漠的態度就很容易把丈夫激怒，那麼爭吵也就不可避免。

或許丈夫只是希望妻子做一個傾聽者，理解他的處境就可以了。因此，在和親人聊天時，我們應將注意力集中在對方的談話內容上，給予對方暢所欲言的空間。請永遠記得，你認真、耐心的聆聽就是最好的教養。

特別是**當親人正在告訴你他們的問題時，不要急於提供解決方法或者建議，用心聆聽更有可能幫助他們解決問題**。除非對方真心、不斷的詢問，你才可以提供解決方法或建議。

第十二章

談完戀愛，談什麼

1 初次約會，談生活別談興趣

當你遇上完全不想接的話題時，不妨不著痕跡的把對方熱衷的話題轉移到一個生活化的話題上。

初次約會，聊什麼話題才好？如果見面之前，兩個人已經透過電話等方式有了較多的溝通，就不存在這個問題，只要彼此有交流的意願，總能找到都感興趣的話題。但如果之前除了簡單介紹，幾乎沒有任何溝通，那約會的話題就很關鍵。這能決定初次約會的成敗。

阿超很喜歡看籃球賽，他和美美約會時正值ＮＢＡ賽事。

初次約會，阿超對美美聊起他最愛看的籃球賽：「每次只要有湖人隊，我跟朋友就一定賭湖人隊贏！」

可是，對NBA一點興趣都沒有的美美，無論聽到什麼，都是一臉問號。最令阿超不可思議的是，聊著聊著，美美竟然冒出：「喔，我覺得籃球最無聊了。」就是這一句話，讓阿超的心涼了半截。

要知道，美美可是阿超眼中的女神啊，而且美美對阿超的印象也一直很好。但就因為這麼簡單的一句話，阿超和美美的約會也沒了下文。

很多時候，聊天並不會有事前討論，而是靠著在場的人、在當下的氣氛中進行，至於接下來會聊到什麼話題，也是不可預知的。所以，對於聊天的任何一方來說，要想跟上所有話題也是不可能的。

如果例子中的美美也很愛看籃球比賽，那當然就沒問題了。可是，如果像美美一樣，**對對方談論的話題不感興趣，又該怎麼辦？那就先當個聽眾，然後，盡可能的從對方的話題中找出能加以發揮、擴散的點**，再順著這個點，試著回應。也就是說，要讓出一部分主動權，讓對方談談自己感興趣的話題。

比如當妳對籃球完全沒有興趣，或是壓根兒就不想聽男生繼續談論籃球的話，不妨這麼接話：

「那你一定常常熬夜看球賽囉？」接下來，就能聊一聊他的生活作息。

「那你看球賽時，你以前的女朋友是不是也不會抱怨啊？」這可是深挖男友情史的好機會。不過，這麼問難免會有風險。如果是初次約會，這可是不好拿捏的敏感話題。

總之，**當你遇上完全不想接的話題時，不妨不著痕跡的把對方熱衷的話題，轉移到一個生活化的話題上**。如果你的回應能夠激起對方想說更多的話、想告訴你更多的事，你們就能聊得更多、更廣。

2 一點點神祕，做個有故事的人

永遠有所保留，永遠有所更新，這就給了別人空間去發揮想像。

我們常會聽到：「**親密關係中，兩個人應該彼此保留神祕感，這樣才會一直有探索的欲望，才會一直有吸引力。**」不可否認，在一段親密關係的開始，神祕感還是很有吸引力的。因為人人都有好奇心，對自己不甚了解，或是根本不了解的東西，都有一種非要把它弄個明白的衝動。

但是，在這個越來越開放的時代，想要增加自己的神祕感，似乎並不是一件容易的事。如果妳的眼前恰好坐著一位剛認識不久的朋友，你很可能會非常急切的想知道更多有關對方的事情，而且自己每次說話時，又會習慣性的加上一個「我」，例如：「我這樣」、「我那樣」、「我去年」、「我明年」、「我昨天」、「我今天」……。

雖然這是人之常情，但是那些經常把「我」字掛在嘴邊的人，不免讓人覺得「這個人太自我了」，而且對方一旦了解妳的全部事情，對妳的興趣也會急速冷卻。相反的，一個總能保持神祕感的女人，往往能引起異性一探究竟的興趣。畢竟每個男人都有一種好奇心，越是不了解的事物，越想弄明白。

所以，為了不讓別人對自己生厭，在戀愛期間不妨試著把「我」字吞回去。這麼做並非只是為了防止妳變成一個以自我為中心的人，還有一個很重要的目的，那就是維持妳的神祕感。

為什麼很多女神一旦被鍾情的男子娶回家，一年半載後，就失去了吸引力？因為女神的神祕感在逐漸的消失，再也不會令人有想窺探的想法，以及給人忐忑不安的感覺。

談公事時，妳的表達一定要清楚再清楚，力求達成相互了解與合作。但是初次見面的男女聊天時，在言語上不妨多一點保留空間。

在妳鉅細靡遺的報出自己的身家背景、薪水嗜好後，對方對妳還能有什麼好奇心？還有什麼動力想要再進一步了解妳？在這種負面心理的影響下，對方對妳的興趣便會驟減。

相反的，在第一次見面時，就有所保留，只說個大概，反而能給對方留下神祕感，期待與妳的下次見面。日後再次見面時，妳可以有意無意的提起最近看了什麼書、聽了什麼音樂，讓對方始終感覺妳一直在進步，這就給了對方發揮想像的空間。

其實，很多像妳一樣的女子，或許並沒有想像中的有魅力，但是她們懂得保持距離、保持未知、保持某種程度的神祕。所以，別人一眼望去時，她們才不會和其他女人一樣，別人對她們的探索欲望，也會在第一時間升至頂點。

3 咄咄逼人的表達，要不到幸福

婚姻失敗的很大一部分原因，都與強迫性的語言有關。

人們常說，家和萬事興。然而，恰恰是這個「和」，在很多家庭裡卻成了一種奢望。無論你結婚多少年，總能發現在夫妻關係裡，各種原因引起的衝突常常讓你頭痛不已。

生活中，有不少妻子或丈夫喜歡對自己的另一半使用強迫性的語言。他們總是習慣指使自己親密的愛人「你該怎麼做」、「你該怎麼說」，或者「你不應該這麼想」。不妨想想看，我們大多數人面對客戶、上司、同事時，都會表現得小心翼翼，生怕說錯一個字，但是面對自己親密的愛人時卻大吼大叫，像一頭發瘋的獅子一樣。

強迫性的語言似乎無時無刻都在上演。桃樂絲・卡內基（Dorothy Carnegie）曾經評論說，有半數以上的婚姻都是失敗的。依她看來，**婚姻失敗的很大一部分原因，都與強迫性的語言有關**。

其實，你完全不必用強迫性的語言去說服對方，或者命令對方做任何事情。有這樣一個故事：

風為了證明自己比太陽強，就對太陽說：「我比你強多了，這一點我可以輕易的證明給你看——我能很快的脫去那個人的衣服。」風讓太陽躲起來，自己開始施展威力。但是，風刮得越大，那個人反而把自己的衣服裹得越緊。

最後，風不得不放棄。

這時，太陽從烏雲後面出來，曬得人身上暖洋洋的。那人開始出汗便把外套脫了下來。

太陽對風說：「友善的力量，永遠都比強迫的力量更強大。」

總之，強迫性的語言只會給我們的家庭帶來裂痕。因此，為了家庭的幸福，我們應該放棄使用強迫性的語言，這種強勢的態度永遠不能讓對方屈服。那麼，面對生活中這些不可避免的衝突，我們又該如何解決呢？

- 尊重對方，這是你能夠做到不使用強迫性語言的重要前提之一。
- 要明白丈夫和妻子之間，沒有人是處於領導地位的。
- 不要認為你們的衝突是絕對的。實際上，根本沒有絕對的衝突，關鍵是解決衝突的方法要恰當。
- 不要為無謂的小事發脾氣，不一定非要在小事上爭出個勝負，要知道這是毫無意義的。

4 肯定你的愛人，才會出現理想的樣子

對自己的愛人，多一些愛、多一些支持和信心，往往可以改變他對自己的看法，使他變得更好。

無論是女人，還是男人，都喜歡聽到他人的讚美。**讚美不但可以取悅對方，讓對方獲得自信，感受到自身的價值，還像是打在對方身上的一劑強心針，讓他更加愛你。**

馬文是第二次世界大戰的退伍軍人，在戰爭中他不幸受了傷，左腿有點殘疾，而且傷痕累累。幸運的是，他仍然能夠享受他最喜歡的運動——游泳。

馬文身體恢復健康後，和他的太太一起來到海邊度假。一到海邊，他就直奔自己最喜歡的衝浪，玩累了，就在沙灘上享受日光浴。

後來，馬文發現大家都在偷偷的看著他。在此之前，他沒有在意過自己滿是傷痕的左腿，但是現在他知道這條腿真的是太顯眼了。

這件事過後的一個月，當馬文太太提議再次去海邊度假時，卻遭到馬文的拒絕。他說：「我不想去海灘，寧願待在家裡。」

「我知道你為什麼不想去海邊，馬文」她說，「你開始在意你腿上的疤痕了。」

「我承認妳說的話。」馬文說。

然後，他的太太說了幾句讓他永遠都不會忘記的話，使得他的心裡充滿了希望與動力。「馬文，我知道你很在意你腿上的那些疤痕，可是，你知道嗎？它們是你勇氣的徽章，是你光榮的贏得的殊榮。親愛的，請不要自暴自棄的把它們隱藏起來，你要記得你是怎樣得到它們的，而且你要驕傲的帶著它們，直至永遠。現在走吧，我們一起去游泳吧。」

很多時候，我們對愛人所說的話，往往可以改變他對自己的看法，使他變得更好，讓他對生命有了全新的看法。使愛人進步的方法，並不是要求他，而是鼓勵他。因此，我們應該給予愛人嘉勉和讚賞，找出他最能夠施展出來的才華。也就是說，應該鼓勵他成為他理想中的樣子。

當然，對於愛人來說，並非所有的讚美都有效。為此，我們需要知道哪些讚美能讓對方欣然接受，並以此作為動力。

1 甜美的微笑是最好的答覆

當愛人花費許多時間讓我們一展笑顏時，我們發自內心的微笑是對其付出的極大讚美。

2 稱讚愛人的養家能力

學會稱讚愛人對工作勝任有餘，或是稱讚他為家庭創造高品質生活的能力。無論男女，都很在意自己對家庭所付出的努力，都渴望得到對方的認可或稱讚。

3 對愛人的個人特色進行讚美

如果你總是對另一半說：「你很有能力或魅力」之類的讚美話，一次可能奏效，但是說多了，反而會讓對方覺得你是在敷衍他。不妨針對他的一些個人特色進行讚美，比如，你可以讚美：「你的成功是因為你在產品定位方面，有著優秀的識別能力。」他可能會因為你對他的了解和欣賞，而神采飛揚。

5 吵架無可避免，熱吵可以避免

把握好分寸，爭吵就不會成為傷害，甚至會成為一種溝通。

看過《六人行》（*Friends*）的朋友肯定對這段故事印象深刻：莫妮卡是個爭強好勝、控制欲很強的女人，而錢德是個害怕承諾、恐懼婚姻、喜歡說諷刺話的男人。令人不可思議的是，這樣的兩個人竟然走在一起，還結了婚。然而，跟所有夫妻一樣，他們的爭吵也在所難免。

一個晚上，莫妮卡和錢德吵了一架，只是因為她一時找不到她要的東西，這樣一樁雞毛蒜皮的事。結果，他們就開始拚命爭吵。在勢均力敵的情況下，雙方都絲毫不讓。

想必很多人看到這裡，或多或少會對自己婚姻生活中，那些爭吵的日子心有餘悸，例如：「你有什麼了不起的，不就是嫌棄我現在賺錢沒有你多？」、「你現在還真是比我差遠了！」、「你簡直是太不可理喻了！」、「你真的是瘋了。」於是各種爭吵都出來了。這似乎也印證了這句話：「再相愛的人，也有想把對方掐死一萬次的衝動。」

爭吵一旦開始，雙方基本上是不會有任何理智的，只會選擇最傷人、最痛快的那些話來針鋒相對。其實，兩個人只要吵到不可開交，彼此就會想盡一切辦法想要吵贏對方，這完全是人類好勝的天性在作祟。

如果把握好分寸，爭吵就不會成為傷害，甚至會成為一種有效的溝通方式。這裡就介紹幾種不傷感情的吵架方法：

- 用「我……」表達你的觀點。吵架時最好用第一人稱表達觀點，比如「我覺得你傷害到我了」、「我覺得你的想法……」等，強調這只是你的個人感受。
- 說話要直接切入重點。要想解決爭議，最好明確的說出你的想法，而不是冷嘲熱諷，否則很難讓對方了解你到底哪裡不滿意、想要做什麼。
- 就算爭吵得很激烈，也要避免談及對方的隱私。否則，只會辜負和犧牲別人對你的信任，最終因小失大。

▼給對方說話的機會。為了解開雙方的心結，一定要給對方解釋的機會，並且耐心傾聽。

▼留點緩衝時間。給彼此留點時間，好好思考和回應對方的意見和看法，才有助於解決問題。

▼不要摔東西。不管你有多生氣，諸如吐口水、砸東西等行為，在吵架時是絕對禁止的。任何非言語的動作，只會令你的形象越來越差。

▼爭吵時的分歧並不是誰對誰錯的問題，只是看法不同而已。只要認清這一點，消除爭端就會容易一些。

▼吵鬧到讓身邊的人都來圍觀，只會讓雙方都陷入難堪的境地，讓關係更加惡化。

生活中，從來不吵架幾乎是不可能的。如果兩個人都在氣頭上，很可能會說出一些傷人的話，這就要雙方注意了，能不傷人就最好不傷人。畢竟任何一段親密關係，都是需要靠智慧來經營，而且人生總要經歷一些黑暗的時光，才會看到光明。

6 「你總是」、「你每次都」千萬別說

當我們開始關心真相，而不是直接做出結論，或是橫加指責時，以往高度危險係數的話也會變成充滿溫情的話。

生活中，幾乎每對戀人都會遇到一些高危險係數的話，而這些話又會給他們的感情生活帶來很大的麻煩。

邁克和黛比是一對戀人，黛比總是習慣用「你總是……」這樣的句子來開始兩個人的對話。然而，每當邁克聽到「你總是……」這幾個字時，心裡就會覺得很不舒服：「天啊，又來了，簡直讓我煩透了！只要我一出現，她總是這個樣子，我到底做錯了什麼！」

結果，邁克的注意力全集中在反擊黛比這種「你總是……」的說法上，

根本不關心她到底說了些什麼。

其實，黛比這麼做，只是想引起邁克的注意。她也有煩惱，想找人訴說、想得到對方的理解和鼓勵，但是又找不到合適的途徑和方式，排解內心的不悅。

於是，下意識的，她選擇用「你總是……」這種方式表達自己強烈的不滿情緒。實際上，她只是想說：「你太讓我失望了。」而內心裡卻又渴望他在乎自己的感受，並幫助自己擺脫煩惱。但是，由於邁克並不知道黛比的真實想法，所以誤會頻頻出現。

有時候，邁克會發現家裡的後門整夜都沒關。於是，他就去問黛比是不是忘了鎖門就進屋了。黛比為自己辯護道：「你總是因為門沒關而責怪我，好，我承認，這都是我的錯。」

其實，邁克並沒有指責她的意思，便反駁道：「我根本沒有責怪妳的意思啊！」我們可以試想一下，在這種情況下，這段對話很可能會以「不，我沒做」，或「是，就是妳做的」的方式無止境的爭執下去。

為了避免對話陷入這種輪迴，我們可以重新設計一個更加理性的溝通方式。當邁克再次發現門沒關時，如果他能以一種柔和的態度問黛比，那麼黛比也就不大可能說「你總是指責我」這種話了。或許，她會回答：「沒有吧，我記得自己已經把門關上了。我回到床上之後，你又去車庫拿了什麼東西，還記得嗎？」

如果一個人面對的是友善的詢問，那麼，來自語言及表達方式的力量，或許連他自己都會感到驚訝。如果邁克突然想起來，原來自己才是那個闖禍的人，肯定會像溫馴的綿羊一樣向黛比道歉，承認自己不該錯怪她忘記關門。

當我們開始關心真相，而不是直接做出結論，或是橫加指責的時候，以往高度危險的話也會變成充滿溫情的話，這種改變還會增加彼此之間的理解和愛。

7 撒小謊

在無關大局的事情上，不妨撒個小謊，給愛情潤潤色，從而營造出一種溫情脈脈的氛圍。

沒錯，婚姻要求坦誠，拒絕謊言，但是在平常的日子裡，偶爾給你的他「編織」一個小謊言，說不定還會帶來意想不到的驚喜與浪漫。在愛情中，一個善意的謊言也許會營造出一種愛的甜蜜氛圍。當然，如果你識破了對方的謊言，也要給對方一個臺階下，因為愛情同樣需要理解與包容。

小莘過生日，男友買了一條項鍊作為生日禮物送給她，並且自信滿滿的說：「我跑了好幾家商店，挑選了很久，我覺得這個款式最適合妳。」

說完，男友深情的凝望著小莘，希望她也能喜歡。

其實，小莘並不太喜歡這條項鍊的款式，但是她又不想讓男友為難，便左右端詳、上下打量，讚嘆道：「這條項鍊好別緻啊，款式也很時尚，一定花了不少錢吧？戴上它，我就忍不住會想到你。」

男友聽了，一臉喜悅，心裡別提有多甜了。

試想，如果小莘把自己的真實想法告知男友，豈不是大煞風景？雖說愛人之間應當真誠相待，不應該存有虛偽欺騙，但有時也需要變通一下。如果事事都如實相告，每一句話都不摻半點假，很有可能使原本和睦的關係出現裂痕。

在二人世界裡，愛的謊言是甜蜜的，也是愛情生活中不可缺少的調和劑。這就好比另一半對妳撒的善意謊言一樣，不是因為他有意為之，而是因為他更在乎這份愛。**在無關大局的事情上，不妨撒個小謊，給愛情潤潤色，從而營造出一種含情脈脈的氛圍**。

所以，情侶要善用下面這些善意的謊言，它們可以使對方對妳寵愛有加：

▼「今天晚上要加班。」俗話說「距離產生美感」，天天膩在一起，萬一對方煩了怎麼辦？

▼「我也喜歡看這個節目。」你是真的愛看嗎？恐怕未必。但是愛情就是要相互包容，不妨從忍受一個完全不喜歡的節目開始。

▼「哈哈！太好笑了！」如果對方的笑話不夠搞笑也沒關係，最起碼你還能假笑一下，這還能練習腹肌，難道不是嗎？

▼「妳做的飯真好吃。」也許她明知道自己做的飯不好吃，但你還是一直誇她。以後，就算她廚藝不精，也會絞盡腦汁做出好吃的飯菜給你。你的一個小小的鼓勵，或許就會使一個廚神誕生。

▼「我沒看過這個電影啊。」其實這是你最愛看的電影之一，不知道已經看了多少遍了。不過為了你的另一半，再看一遍又何妨？反正走走神，時間就過去了。

Think 162

99%的人輸在不會表達

話說對了，事就成了。公司裡該怎麼說話？麻煩就沒了。

作　　者／李勁
責任編輯／蕭麗娟
美術編輯／林彥君
副總編輯／顏惠君
總 編 輯／吳依瑋
發 行 人／徐仲秋
會　　計／許鳳雪
版權經理／郝麗珍
行銷企畫／徐千晴
業務助理／李秀蕙
業務專員／馬絮盈、留婉茹
業務經理／林裕安
總 經 理／陳絜吾

國家圖書館出版品預行編目（CIP）資料

99%的人輸在不會表達：話說對了，事就成了。公司裡該怎麼說話？麻煩就沒了。／李勁著；
--初版-- 臺北市：大是文化, 2018.07
336面；14.8 × 21公分. --（Think；162）
ISBN 978-957-9164-33-7（平裝）
1.說話藝術 2.口才 3.人際關係
192.32　　107005493

出 版 者／大是文化有限公司
臺北市 100 衡陽路 7 號 8 樓
編輯部電話：（02）23757911
購書相關資訊請洽：（02）23757911 分機 122
24 小時讀者服務傳真：（02）23756999
讀者服務 Email：haom@ms28.hinet.net
郵政劃撥帳號／19983366 戶名／大是文化有限公司

法律顧問／永然聯合法律事務所
香港發行／豐達出版發行有限公司 Rich Publishing & Distribution Ltd
地址：香港柴灣永泰道 70 號柴灣工業城第 2 期 1805 室
Unit 1805, Ph.2, Chai Wan Ind City, 70 Wing Tai Rd, Chai Wan, Hong Kong
電話：2172-6513
傳真：2172-4355
Email：cary@subseasy.com.hk

封面設計／Patrice
內頁排版設計／Judy
印　　刷／鴻霖印刷傳媒股份有限公司
出版日期／2018 年 7 月初版
2019 年 12 月 4 日初版 38 刷
定　　價／新臺幣 340 元（缺頁或裝訂錯誤的書，請寄回更換）
ISBN 978-957-9164-33-7